SER MAIS

ANOS INICIAIS
do Ensino Fundamental
Educação de Jovens e Adultos

Ezenir Gabardo
Licenciada em Língua Portuguesa pela PUC-PR.
Especialização em Ensino de Língua Portuguesa UTP.
Professora da EJA de Educação Básica.

Leoni Mezzadri
Licenciada em Matemática pela UFPR.
Especialização em Educação de Jovens e Adultos PUC-PR.
Especialista em Educação a Distância UFPR.
Professora da EJA de Educação Básica.

BASE EDITORIAL
2ª edição
Curitiba – 2023

EJA 1 VOLUME

Dados para catalogação
Bibliotecária responsável: Luciane Magalhães Melo Novinski
CRB 1253/9 – Curitiba, PR

Dados Internacionais de Catalogação na Publicação (CIP) de acordo com ISBD

G112s   Gabardo, Ezenir

Ser Mais Alfabetização: Educação de Jovens e Adultos Manual do Educador / Ezenir Gabardo, Leoni Mezzadri ; ilustrado por Ivan Sória Fernandez. - 2. ed. - São Paulo : Base Editorial LTDA, 2023.
304 ; 20,5 x 27,5cm. – (v.1)

ISBN: 978-85-427-0635-2 (aluno)
ISBN: 978-85-427-0636-9 (educador)

1. Alfabetização. 2. Educação de adultos. I. Mezzadri, Leoni. II. Fernandez, Ivan Sória. III. Título. IV. Série.

2023-748

CDD 372.41
CDU 372.41

Elaborado por Vagner Rodolfo da Silva - CRB-8/9410

Índice para catálogo sistemático:
1. Alfabetização 372.41
2. Alfabetização 372.41

Ser mais – Volume 1
Copyright – Ezenir Gabardo; Leoni Teresa Mezzadri Brudzinski
2023

Ficha técnica

Conselho editorial
Mauricio Carvalho
Renato Guimarães
Dimitri Vasic
Jorge Yunes
Marco Stech
Mauro Bueno
Silvia Massini
Célia de Assis
Valdeci Loch

Gerência editorial
Eloiza Jaguelte Silva

Coordenação de produção editorial
Osmarina F. Tosta

Editor
Carmen Lucia Gabardo

Revisão
Caibar Pereira Magalhães Júnior

Iconografia
Ana Claudia Dias (Coord.)
Jéssica C. Ortiz

Tratamento de imagens
Sandro Mesquita

Licenciamento de textos
Luiz Fernando Bolicenha

Projeto gráfico e capa
Paulo de Oliveira Franco

Editoração
Cézar Augustus Guariente

Imagem da capa
© sonya etchison/Fotolia.com

Ilustração
Ivan Sória Fernandez

Revisão comparativa
Lucy Myrian Chá

Finalização
Marline Meurer Paitra (Coord.)
José Cabral Lima Júnior
Patricia Librelato Rodrigues

Base Editorial Ltda.
Rua Antônio Martin de Araújo, 343 • Jardim Botânico • CEP 80210-050
Tel.: (41) 3264-4114 • Fax: (41) 3264-8471 • Curitiba • Paraná
www.baseeditora.com.br • baseeditora@baseeditora.com.br

Impresso na Leograf Gráfica e Editora - Janeiro/2024

Apresentação

"[...] todo amanhã se cria num ontem, através de um hoje [...]. Temos de saber o que fomos, para saber o que seremos"

(Paulo Freire)

Caro Aluno,

Elaboramos este material didático considerando ser a educação um direito de todos, além de representar o caminho para o exercício da cidadania e a plena participação na vida social.

O conhecimento de mundo acumulado por você, em suas experiências de vida, se amplia com a leitura da palavra e dos números que lhe dará condições de maior acesso ao saber e a possibilidade de ampliar sua leitura de mundo.

Que sua caminhada na construção do conhecimento seja um sucesso!

As autoras.

Sumário

Unidade 1 — Quem somos

Afinal, quem somos? 08
    Apresentação 08
    Para nos comunicarmos, usamos palavras e números 09

A História da escrita 14
    Símbolos para representar palavras e letras 16
    Símbolos para representar números 17

Símbolos e imagens que povoam nosso cotidiano 21
    O significado das imagens 21
    O alfabeto 24

Cada nome, um poema 35
    Com E 35
    Com P 36
    Convite 38

Nomes e números que nos identificam 44
    Documentos que nos identificam 44
    Todas as coisas têm nome 49

Unidade 2 — Que mundo é esse?

Diferentes formas de comunicação e interpretação do mundo 58
    Todo ponto de vista é a vista de um ponto 58
    Formas de comunicação diminuem distâncias 62
        Cartas 62
        Bilhetes 66
        Lembretes 70
        Cartão-postal 76
        Mensagem via internet (e-mail) 77
    Sistema de numeração decimal 80

Ética e cidadania: poder da participação 85
    Herbert de Souza.. 85
    Horácio... 89
    Brincando com as palavras 92

A função social dos números 93
    Os números decimais na representação das medidas de comprimento...... 95
    Estudando o nosso calendário.. 98
    Resolvendo problemas do cotidiano 102
    Ideias das operações... 103

A vida, o espaço e o tempo 107
    Janela sobre o tempo 107
    Quanto tempo o tempo tem? 113
    As medidas de tempo: hora, minuto e segundo 114

Marcas do tempo que resumem a vida 118
    Leitura de um resumo 118
    Parte do texto: A pedra arde... 119
    A construção da história no tempo 126

Unidade 3 — Diferentes formas de ser e viver

Onde e como vivemos? 130
    "Lero-lero" 130
    Você é brasileiro?... 137
    As formas planas constituem mosaicos 142
    A população brasileira e o espaço geográfico 144
    O espaço geográfico dos brasileiros.. 147

Média de vida dos brasileiros 151
    Expectativa de vida no Brasil passa a 73,2 anos, diz IBGE 151

Sumário

O envelhecimento da população brasileira 153
    O Estatuto do Idoso 153

Diferentes formas de medir 156
  Medidas de valor: A moeda brasileira 156
    As cédulas 156
    As moedas 159
    Problemas do cotidiano 160
  Medidas de capacidade e massa 163
    Os números, as medidas e as delícias da culinária brasileira 163
    Cesta básica 167
    Quais produtos compõem a cesta básica? 168

Unidade 4 Desafios da vida

O Brasil de todos nós 172
  Ladainha 172
  As formas geométricas na bandeira e no artesanato brasileiro 176
  As formas geométricas tridimensionais 180

Nosso lixo de cada dia 183
  O povo do lixo 183
  Toneladas de lixo 186

Os direitos humanos 189
  Ser índio hoje 189
  Direitos da mulher brasileira 195
    Quem foi Nísia Floresta? 195
    Quem é Maria da Penha? 197
  Direitos da criança e do adolescente 198
  Direitos individuais 199

Constituição da República Federativa do Brasil de 1988 200
  Dos direitos e deveres individuais e coletivos 200
  Declaração Universal dos Direitos Humanos 203

Referências 205

Sites consultados 206

UNIDADE 1 — QUEM SOMOS

SOMOS SERES HUMANOS COM CAPACIDADE PARA CRIAR E TRANSFORMAR. SOMOS SERES SOCIAIS CAPAZES DE DIALOGAR, COMPREENDER, TRABALHAR, COOPERAR...

ÚNICOS NA APRENDIZAGEM, NAS EXPERIÊNCIAS E NA VIDA. CONSTRUÍMOS NOSSA VIDA E USUFRUÍMOS DE DIREITOS E DEVERES.

AFINAL, QUEM SOMOS?

APRESENTAÇÃO

RODA DE CONVERSA

Diga seu nome e sobrenome. Fale sobre o que você faz e o que mais gosta de fazer. Explique por que você está aqui. Por que a leitura de imagens, de textos e a escrita são importantes em nossa vida? Aponte dois fatos do dia a dia em que você sente falta de ler e escrever.

LEITURA

O PROFESSOR VAI FAZER UMA LEITURA DE BOAS-VINDAS. OUÇA E INTERPRETE.

Sala de aula no Amazonas – 2008.

"O SENHOR... MIRE E VEJA: O MAIS IMPORTANTE E BONITO DO MUNDO, É ISTO: QUE AS PESSOAS NÃO ESTÃO SEMPRE IGUAIS, AINDA NÃO FORAM TERMINADAS – MAS QUE ELAS VÃO SEMPRE MUDANDO. AFINAM OU DESAFINAM. VERDADE MAIOR. É O QUE A VIDA ME ENSINOU. ISSO ME ALEGRA MONTÃO."

ROSA, J. G. Grande Sertão: veredas, 19. Ed. Rio de Janeiro: Nova Fronteira, 2001.

Paulo Freire nos ensina:

"A leitura do mundo precede a leitura da palavra".

Essa leitura você já tem e a leitura e a escrita da palavra o ajudará a ampliar ainda mais a leitura do mundo.

PARA NOS COMUNICARMOS, USAMOS PALAVRAS E NÚMEROS

LEITURA

EM UMA SOCIEDADE LETRADA, AS MENSAGENS ORAIS OU ESCRITAS FAZEM PARTE DO NOSSO COTIDIANO. AS PALAVRAS E OS NÚMEROS ESTÃO EM TODA A PARTE: NAS RUAS, NOS DOCUMENTOS, NOS RÓTULOS, NAS BULAS DE REMÉDIO, NOS FOLHETOS DO COMÉRCIO, NOS *OUTDOORS*...

ATUALMENTE, SÃO MUITAS AS INFORMAÇÕES, SEJAM ORAIS, IMAGENS OU ESCRITAS, QUE CHEGAM ATÉ NÓS POR MEIO DOS VEÍCULOS DE COMUNICAÇÃO COMO: RÁDIO, TELEVISÃO, INTERNET, SATÉLITES, CARTAS, BILHETES, TELEGRAMAS, JORNAIS, REVISTAS, PLACAS DE COMUNICAÇÃO.

ABC +123 *Letramento e alfabetização e alfabetização matemática*

1. Junto com o professor, faça a leitura das palavras e dos números que aparecem nas ilustrações anteriores e discuta com seus colegas os seus significados.

Agora, copie algumas palavras no retângulo 1 e os números no retângulo 2.

1

2

2. Escreva, no espaço abaixo, a palavra que tem um significado especial para você.

3. Observe ao seu redor e encontre uma palavra escrita. Copie-a no retângulo abaixo. Se preferir, poderá pedir ao professor para ajudá-lo a fazer esse registro.

4. Agora, observe ao seu redor e encontre um registro numérico. Copie-o no retângulo abaixo.

5. Leia a palavra que você escreveu em voz alta e peça aos seus colegas para dizerem:

a) qual é o significado da palavra que você escolheu;

b) quantas letras você usou para escrevê-la;

c) se há letras repetidas e quais.

6. Leia o número e explique oralmente aos colegas o que significa esse número, ou seja, a que ele se refere.

SABER MAIS

Você conhece outra forma de comunicação que as pessoas utilizam?

Algumas pessoas utilizam outras formas de comunicação, como: BRAILLE e LIBRAS.

BRAILLE

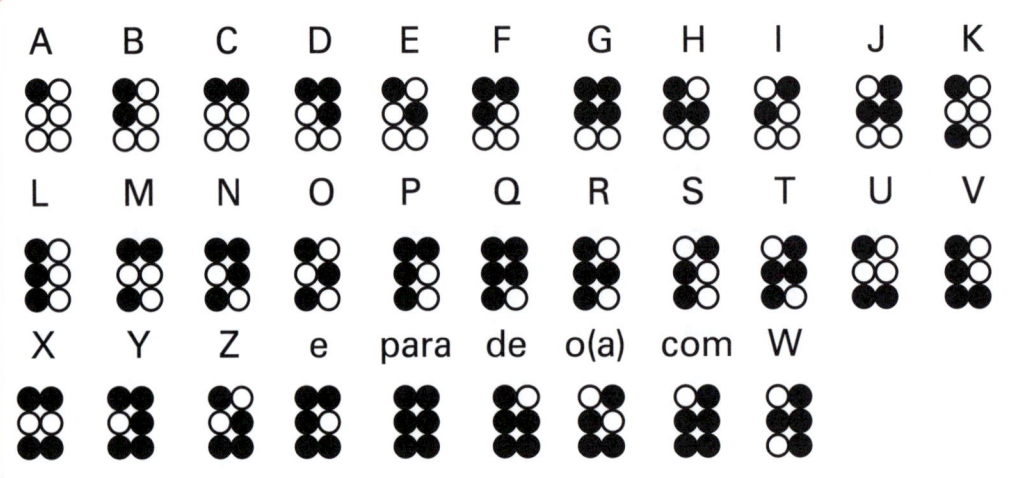

Braille é o sistema de escrita e leitura criado por um cego cujo sobrenome lhe deu a designação, Sistema Braille, que abriu novas portas para a comunicação, educação e cultura de pessoas com deficiência visual.

Conheça mais no site do Instituto Benjamin Constant: <www.ibc.gov.br/?itemid=99>.

LIBRAS – LÍNGUA BRASILEIRA DE SINAIS

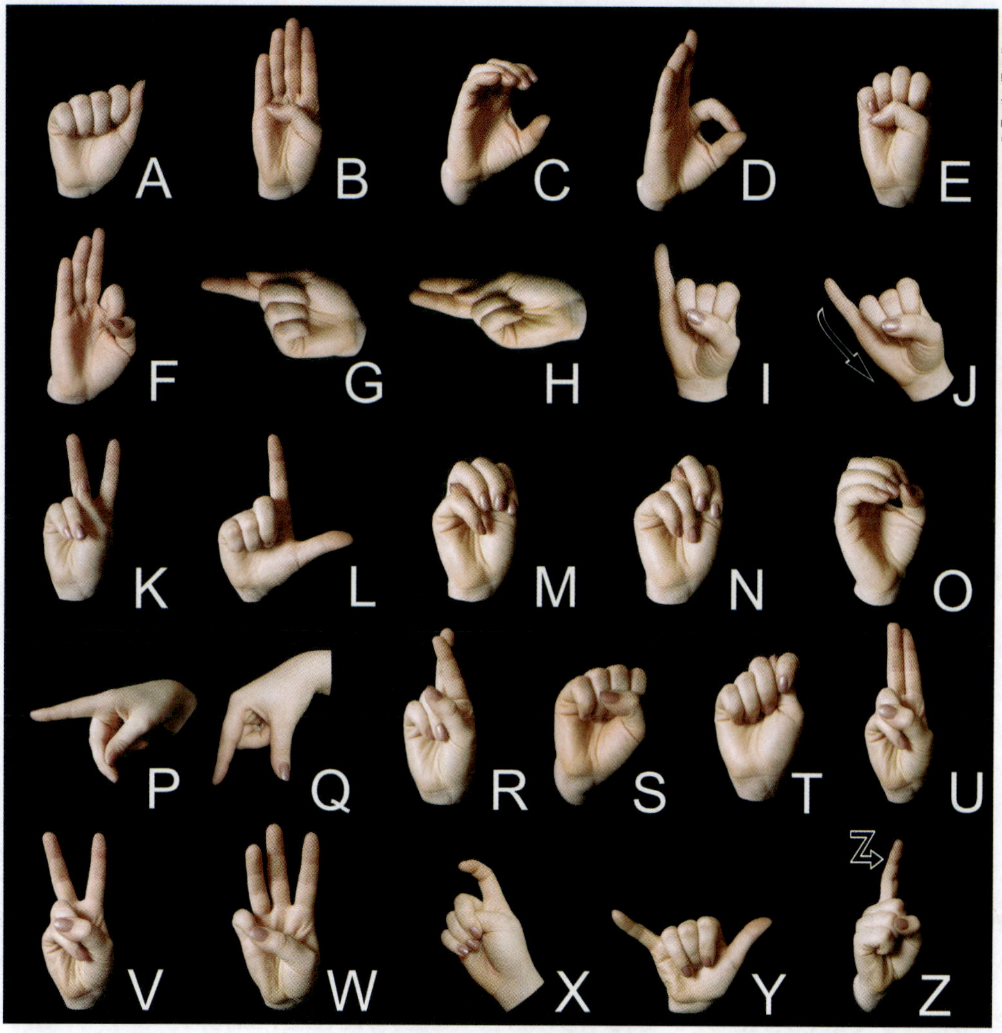

A língua brasileira de sinais (LIBRAS) é a língua usada pela maioria dos surdos brasileiros e reconhecida legalmente. É semelhante a outras línguas de sinais da Europa e da América. A LIBRAS não é a simples gestualização da língua portuguesa, e sim uma língua à parte.

Os sistemas educacionais devem garantir a inclusão do ensino da Língua Brasileira de Sinais nos cursos de formação de Educação Especial, de Fonoaudiologia e de Pedagogia, em seus níveis médio e superior.

Para conhecer mais, acesse o Dicionário da Língua Brasileira de Sinais: <www.acessobrasil.org.br/libras/>.

A HISTÓRIA DA ESCRITA

LEITURA

Os abrigos de Bhimbetka exibem os primeiros vestígios de vida humana na Índia. Raisen District (Índia), 2009.

Essa imagem é reprodução de antigas representações pictóricas e foi produzida por seres humanos. Esses desenhos, que representavam a vida cotidiana dos primeiros povos, eram feitos geralmente no interior de cavernas. Pela leitura das pictografias, é possível saber como os seres humanos viviam e como se expressavam nesse período histórico.

"Ainda que os desenhos das cavernas não tenham sido concebidos com a intenção de "escrever", é certo [...] que todas as maneiras de escrever que conhecemos têm origem pictográfica".

ENCICLOPÉDIA Delta Júnior: Delta, V.5, p.689. Rio de Janeiro V.5.

Esses registros feitos pelos homens em paredes e cavernas são documentos históricos.

> **GLOSSÁRIO**
>
> **Documentos históricos** – todo vestígio do passado de qualquer natureza; fontes utilizadas pelos pesquisadores de evidências sobre fatos do passado.
>
> **Pintura rupestre** – nome dado a antigas representações artísticas, gravadas em superfícies rochosas: paredes, tetos de cavernas, ou ao ar livre. Nessas pinturas eram retratadas cenas do cotidiano, tais como: caçadas, animais, rituais, etc.
>
> **Pictográfico** – sistema de comunicação em que uma ideia, um conceito ou um objeto são representados por meio de desenhos figurativos e estilizados.
>
> **Representação pictográfica** – forma de comunicação que traduz uma informação utilizando imagens, desenhos, gráficos, tabelas e todas as formas de representação visual.

1. Na sua opinião, observando a imagem, o que ela representa?

2. Em seu caderno, faça um desenho para comunicar uma ideia sobre um acontecimento de seu dia a dia. Mostre a um colega e verifique se ele entendeu sua mensagem.

Trabalhando em grupo, reúna-se com colegas e conversem sobre o seguinte questionamento:

> "Será que o homem moderno não deixa, também, marcas de sua passagem por parques, ruas, estradas, florestas e cidades?"

- Discutam sobre outras formas de comunicação utilizadas atualmente.
- Relatem oralmente aos demais colegas a conclusão a que o grupo chegou.

SÍMBOLOS PARA REPRESENTAR PALAVRAS E LETRAS

LEITURA

Muito tempo se passou desde a utilização de alguns sinais para representar palavras até a criação das letras que conhecemos hoje.

Observe os símbolos criados pelos povos sumérios e egípcios para representar seres e objetos.

Povo Sumério.   Povo Egípcio.

Alfabeto fenício.

Os fenícios modificaram a escrita egípcia. Escolheram um pequeno número de sinais que representavam sons. A imagem que representava uma ideia, uma palavra ou uma sílaba passou a representar o som.

Os gregos adaptaram o alfabeto fenício e criaram seu próprio alfabeto no qual introduziram as vogais. O sistema de escrita grego tornou-se grande contribuição cultural para o mundo ocidental. O alfabeto que usamos hoje provém do alfabeto grego.

Alfabeto grego.

SÍMBOLOS PARA REPRESENTAR NÚMEROS

LEITURA

Os povos do passado desenvolveram sua própria escrita, também criaram símbolos para representar quantidades, formando assim diferentes sistemas de numeração, como o dos: egípcios, romanos, hindus, entre outros.

Que tal conhecermos um pouco da numeração desses povos?

SÍMBOLOS EGÍPCIOS

Os egípcios, por exemplo, criaram há mais de 5 000 anos, um sistema de numeração em que as quantidades eram representadas por meio de alguns símbolos, conforme mostra o quadro abaixo.

1	10	100	1000	10 000	100 000	1 000 000
∣	∩	୭	⚒	⌐	⌒	𓀠
bastão	osso de calcanhar	corda enrolada	flor de lótus	dedo dobrado	girino	homem assustado

Você tem ideia de como os egípcios representavam o número trinta e dois por exemplo?

A ilustração abaixo mostra como o número 32 era representado com símbolos egípcios.

∩∩ / ∩∣∣∣ = 32   ou   ∩∩∩∣∣ = 32   ou   ∣∣ / ∩∩∩ = 32

SÍMBOLOS ROMANOS

Você já viu algum número escrito com algarismos romanos? Em que situação? Sabe escrever algum número utilizando os algarismos romanos? Então, represente no espaço a seguir.

Os romanos não criaram símbolos novos para representar os números. Eles utilizavam as próprias letras de seu alfabeto.

I V X L C D M

Com ajuda de seu professor, complete o quadro a seguir com valores numéricos que cada letra representa no sistema de numeração romano.

Símbolos Romanos	I	V	X	L	C	D	M
Símbolos que usamos							

Trabalhando em grupo

1. Imagine que você e seus colegas encontraram a seguinte inscrição egípcia:

Observe as páginas 16 e 17, e tente achar a mensagem.

Como vocês decifraram esse enigma? Explique para os colegas de outro grupo como foi decifrado esse enigma.

2. Na numeração romana, para escrever um número, era permitido repetir até três vezes cada um dos símbolos a seguir:

$$I - X - C - M$$

a) Utilize essa regra e escreva os seguintes números:

3 _____

20 _____

300 _____

2 000 _____

b) Escolha o número romano que completa as frases:

> II - XVI - VII - XXI - VI

- Estamos vivendo no início do século _____.

- O papa João Paulo _____ antecedeu o papa Bento _____.

- Já li os seis primeiros capítulos deste livro e vou iniciar o capítulo _____.

c) Agora responda:

- Que horas o relógio está marcando?
_____

- Daqui a duas horas o ponteiro pequeno estará no número _____ e o grande em _____.

SÍMBOLOS INDO-ARÁBICOS

Há muitos séculos atrás, os povos que viviam ao longo do vale do rio Indo, na Índia, desenvolveram um sistema de numeração que utilizava dez símbolos:

> 0, 1, 2, 3, 4, 5, 6, 7, 8, 9

Estes símbolos receberam o nome de algarismos indo-arábicos, por terem sido criados pelo povo hindu e propagados no ocidente pelos árabes, em suas viagens de comércio.

SÍMBOLOS E IMAGENS QUE POVOAM NOSSO COTIDIANO
O SIGNIFICADO DAS IMAGENS

RODA DE CONVERSA

Como os povos do passado utilizavam imagens para representar uma ideia, uma palavra, uma quantidade e até mesmo uma letra, nós também utilizamos diferentes formas de linguagem para representar e comunicar o que julgamos necessário.

Que tipo de informações em forma de imagens você encontra geralmente em locais públicos? Com o auxílio do professor, leia o significado de cada uma das imagens.

LEITURA

Não fume

Use capacete

Material reciclável

Perigo

Separe o lixo

Jogue lixo na cesta

Comente sobre outras imagens que você encontra no seu dia a dia.

Converse com o professor e colegas sobre o significado e a importância dessas imagens.

Como você deve ter percebido, as imagens estão presentes no nosso cotidiano e desempenham determinadas funções. Observe nas imagens outras diferentes formas de comunicação.

Quadro 1

Quadro 2

Quadro 3 - Bairro Água Verde Curitiba (PR)

Prefeitura Municipal de Curitiba. Instituto de pesquisa e planejamento urbano de Curitiba. **Bairro Água Verde**. Curitiba, 2013. (Edição oficial).

1. Discutam em grupo com seus colegas sobre as imagens apresentadas nos quadros e responda oralmente.

a) Qual é a mensagem que o quadro 1 está nos comunicando?

b) Em que locais são encontradas as imagens 1 e 2?

c) Você sabe qual é a utilidade dos semáforos ou faróis encontrados nos cruzamentos de vias nas cidades? E o significado de cada cor do semáforo?

d) O que acontece quando pedestres e veículos desrespeitam as sinalizações de um semáforo?

e) O que representa a imagem do quadro 3?

2. Nas placas de trânsito, há informações. Observe-as com atenção e descubra qual é a informação que elas comunicam. Em seguida, relacione ligando a placa com o seu significado.

PLACA 1 — PARADA OBRIGATÓRIA

PLACA 2 — VELOCIDADE MÁXIMA PERMITIDA

PLACA 3 — RODOVIA FEDERAL

PLACA 4 — ÁREA ESCOLAR

3. Explique oralmente os significados das placas.

a) Em que locais você encontra a placa número 1?

b) Qual é o seu significado?

c) O que significa a placa 4? Onde você encontra esse tipo de placa?

d) A placa número 2 se refere à velocidade que um veículo pode transitar. Essa velocidade é permitida nas ruas ou avenidas dentro das cidades? Por quê? E na estrada, um veículo pode desenvolver oitenta quilômetros por hora? Explique.

e) Na placa número 3, o que significam os códigos BR-116 e PR?

4. Explique o que significam as placas de trânsito ao lado e por que um pedestre precisa conhecê-las.

O ALFABETO

RODA DE CONVERSA

Para nós, que vivemos na era do conhecimento e da comunicação, uma das invenções mais importantes da humanidade, certamente, foi o alfabeto. Você sabe o que é o alfabeto?

> ... ALFABETO É O CONJUNTO DAS LETRAS DE UMA LÍNGUA, DISPOSTAS NUMA CERTA ORDEM. É A MESMA COISA QUE ABECEDÁRIO. A PALAVRA "ALFABETO" É FORMADA COM AS DUAS PRIMEIRAS LETRAS DO ALFABETO GREGO: "ALFA" E "BETA". E "ABECEDÁRIO", COM A JUNÇÃO DAS QUATRO PRIMEIRAS LETRAS DO NOSSO ALFABETO: "A", "B", "C" E "D".

ALVES, Rubem. **Revista páginas abertas**, ano 28, n. 14, p. 20-21.

Assim, podemos dizer que o conjunto de letras que usamos para escrever palavras, que expressam nossas ideias, chama-se alfabeto.

A B C D E F G H I J K L M
N O P Q R S T U V W X Y Z

O nosso alfabeto é composto por 26 letras que, combinadas entre si, formam as palavras.

As letras são símbolos indispensáveis para registrar o que queremos dizer, o que comunicamos aos outros.

1. No final do livro, você encontra as letras do alfabeto.

    a) Destaque-as e forme seu alfabeto.

    b) Você pode desenhá-las em seu caderno. Enquanto você escreve, repita o nome das letras.

    c) Com o auxílio do professor, identifique e separe as vogais das consoantes.

    d) Copie-as nos quadros correspondentes.

Vogais	
Consoantes	

2. Agora responda:

    a) Em nosso alfabeto, há quantas vogais? _____

    b) E quantas consoantes? _____

    c) No alfabeto, há mais vogais ou consoantes?
_____

    d) Quantas a mais? _____

Para escrever as palavras, nós usamos letras manuscritas/cursivas ou de imprensa maiúsculas ou minúsculas.

MANUSCRITA MAIÚSCULA E MINÚSCULA

Aa Bb Cc Dd Ee Ff Gg Hh Ii
Jj Kk Ll Mm Nn Oo Pp Qq Rr
Ss Tt Uu Vv Ww Xx Yy Zz

IMPRENSA MAIÚSCULA E MINÚSCULA

| A a B b C c D d E e F f G g H h I i |
| J j K k L l M m N n O o P p Q q R r |
| S s T t U u V v W w X x Y y Z z |

3. Use o seu alfabeto móvel para realizar a tarefa a seguir. Comece separando as letras do seu nome.

- No primeiro círculo, escreva as letras de seu nome e, no segundo, coloque-as na ordem em que aparecem no seu nome.

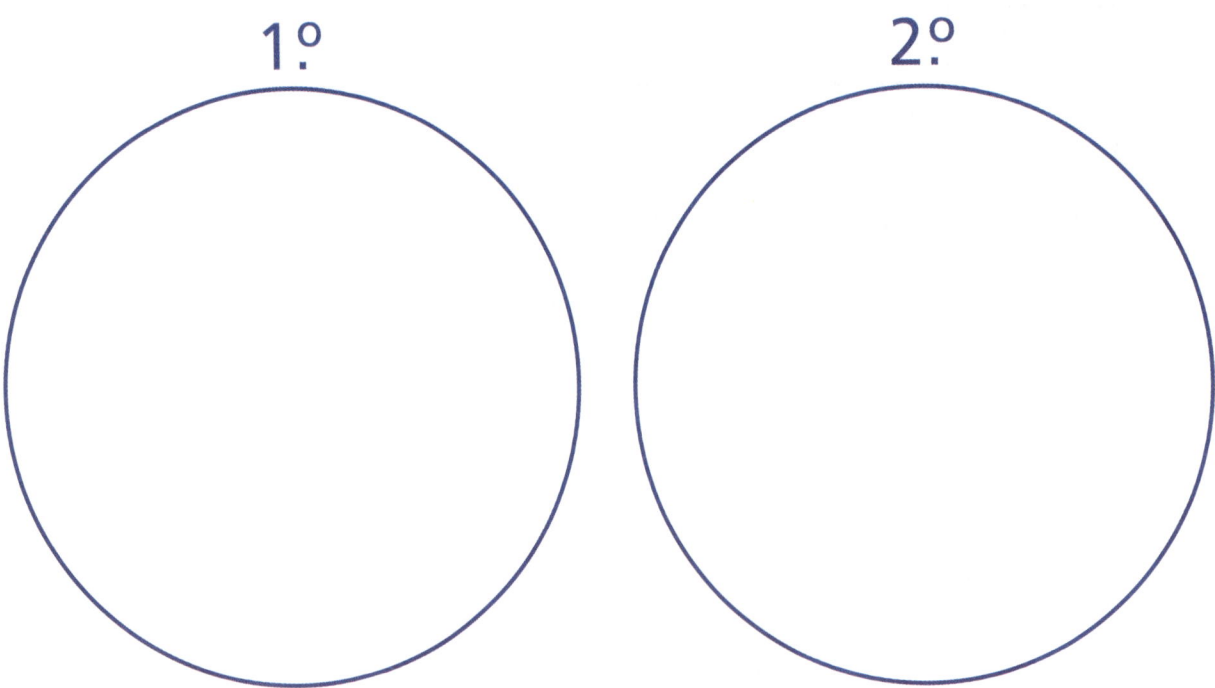

1º   2º

a) Conte e responda: Quantas letras tem seu nome?

_____

b) Marque com sinais ou cores diferentes, no seu nome, primeiro as vogais e depois as consoantes.

c) Em seu nome, há quantas vogais? _____

d) E quantas consoantes? _____

e) Qual é a primeira letra de seu nome? _____

f) Qual é a última? _____

4. Nas nossas assinaturas, geralmente usamos letra manuscrita ou cursiva. É importante lembrar que, quando escrevemos nomes de pessoas, usamos letra inicial maiúscula.

a) Escreva seu nome com letra cursiva ou manuscrita.

_____

b) Escreva o nome com letra de imprensa.

_____

ESCREVER, CONTAR E ORDENAR NOSSOS NOMES

5. Com o auxílio do professor, vamos organizar os nomes dos nossos colegas:

a) Os nomes que começam com a mesma letra do seu nome.

_____

_____

_____

b) Copie três nomes que começam com vogais e três que começam com consoantes.

_____

_____

Letramento e alfabetização e alfabetização matemática

6. Agora, escreva nas colunas, do quadro abaixo, os nomes que começam com a vogal indicada.

Use letra de imprensa.

A	E	I	O	U

7. Identifique os colegas que têm o nome começando com as consoantes indicadas a seguir, e escreva no quadro.

Use letra cursiva (manuscrita)

C	J	M	P	N

8. Escreva outros nomes que iniciam com a mesma letra do seu nome.

_____

_____

_____

9. Faça uma lista com os nomes dos colegas de sala. Para isso escreva, na primeira coluna, o número correspondente a cada aluno, numa ordem crescente. Na segunda coluna, escreva o nome usando a ordem alfabética.

> Lista é uma forma de texto onde organizamos a informação de acordo com uma certa ordem. A lista de chamada, por exemplo, é uma sequência de nomes em ordem alfabética, geralmente precedidos do número de identificação do aluno.

Número	Nome
1	
2	
3	

Unidade 1 • Quem somos

Letramento e alfabetização e alfabetização matemática

10. Responda consultando a lista:

    a) Qual é o 6º nome da lista? _____

    b) Qual é o 10º nome da lista? _____

    c) Qual é o 18º nome da lista? _____

    d) Quantas são as mulheres? _____

    e) Quantos são os homens? _____

    f) Quantos nomes há ao todo nessa lista? _____

    g) Qual é a diferença entre o número de nomes masculinos para o de nomes femininos? _____

11. Procure os nomes escondidos no caça-palavras: ANITA, ANA, ALTAIR, CARLOS, LUCIANA, MARIANA, OTÁVIO, SÔNIA, TERESA.

    Depois, copie-os nas linhas abaixo.

	1ª	2ª	3ª	4ª	5ª	6ª	7ª	8ª	9ª	10ª
1ª Linha	A	B	C	M	A	R	I	A	N	A
2ª	L	O	A	N	I	T	A	X	Q	N
3ª	T	E	R	E	S	A	X	V	O	A
4ª	A	Y	L	U	C	I	A	N	A	Q
5ª	I	Q	O	T	Á	V	I	O	X	T
6ª	R	Y	S	Ô	N	I	A	X	Z	A

Coluna

a) Conte e responda:

- O quadro de caça-palavras tem quantas linhas?

  _____

- E quantas colunas?

  _____

- Quantos quadradinhos há ao todo?

  _____

- Explique por escrito, no espaço a seguir, como você efetuou esse cálculo.

  _____

  _____

b) Verifique as palavras no caça-palavras e responda:

- Em qual das colunas está escrito Carlos?

  _____

- Em qual linha está escrito o nome Mariana?

  _____

- Qual é o nome que aparece na 6ª linha?

  _____

- E na primeira coluna? _____

- Em qual das linhas existe um nome que começa e termina com a letra O?

  _____

- Quantos nomes você encontrou no caça-palavras?

  _____

12. Na relação a seguir, transforme os nomes trocando a última letra, pela letra A.

Lauro _____   Mário _____

Roberto _____   Renato _____

Ivo _____   Sílvio _____

Paulo _____   Aldo _____

13. Leia os nomes, separe-os em sílabas e escreva o número de letras de cada um.

Nomes	Separação em sílabas			Número de letras	de sílabas
Benedito					
Raimundo					
Kátia					
Letícia					
Isabel					
Irene					

14. Escreva outros nomes que terminem como ISABEL.

_____

_____

_____

15. Com as letras do nome MARIANA, podem-se escrever outros nomes e outras palavras. Escreva-as.

M	A	R	I	A	N	A

a) Seguindo a ordem das letras, quantos nomes de pessoas você escreveu?

_____

b) Além dos nomes de pessoas, quantas outras palavras você escreveu?

Copie-as aqui: _____

16. Que outras palavras podemos escrever combinando as letras da palavra AUTORIDADE.

AUTORIDADE

_____   _____   _____

_____   _____   _____

_____   _____   _____

17. Faça o mesmo com a palavra DARIO para confirmar que diferentes combinações de letras formam diferentes palavras.

Elas são diferentes também em seus significados. Com o auxílio do professor, discutam o significado de cada uma delas.

D	A	R	I	O

18. Forme diferentes palavras, no quadro, usando as sílabas numeradas:

(1) TE   (2) SÉ   (3) MUN
(4) CAR   (5) PE   (6) LOS
(7) RAI   (8) RE   (9) AN
(10) TÔ   (11) SA   (12) JO
(13) DO   (14) NIO   (15) DRO

1	8	11
12	2	
7	3	13
4	6	
5	15	
9	10	14

Leia em voz alta e copie os nomes no caderno.

CADA NOME, UM POEMA

RODA DE CONVERSA

Veja como Bartolomeu Campos de Queirós brinca com as palavras. Esse autor escreveu, entre tantos outros, um livro chamado *De letra em letra* e para cada letra escreveu um poema. Você sabe o que é poema?

> Poema é uma composição poética escrita em versos.

O que são versos?

Este livro apresenta em sua organização as letras do alfabeto, reúne palavras que iniciam com as letras indicadas. Toma como ponto inicial os nomes próprios. Leia-o inteiro quando puder. Pode ser que seu nome esteja nele.

LEITURA DE POEMAS

Compartilhe com o professor a leitura:

COM E

EUGÊNIA ESCREVE ESPUMA, ESCALA, ESCADA, ESTRELA.
ENTRE ESPANTO E ESPUMA,
EUGÊNIA ESCALA A ESCADA
E ENCOSTA EM ESTRELAS.

QUEIRÓS, Bartolomeu Campos de. **De letra em letra**. São Paulo: Moderna, 2004.

Leia mais...

COM P

> PEDRO PROCURA PEDRA, PEIXE, PÁSSARO.
>
> O POETA PEDRO
>
> PERGUNTA ÀS PEDRAS
>
> PELOS PODEROSOS PEIXES
>
> E PELOS POSSANTES PÁSSAROS.

QUEIRÓS, Bartolomeu Campos de. **De letra em letra**. São Paulo: Moderna, 2004.

Compreensão do texto

Responda oralmente:

- Quais são os títulos dos poemas?
- Qual é o nome do autor?
- Quantos versos têm cada poema?
- Existem nomes próprios nos poemas?
- Que sons se repetem nos poemas?

Leia novamente o poema "Com E":

1. Sublinhe no poema as palavras que começam com a mesma letra.
2. Circule as palavras em que a primeira sílaba é **ES**.
3. Indique qual é a diferença entre as palavras **ESCALA** e **ESCADA**.

4. Copie do texto as palavras em que a primeira sílaba é diferente de **ES**.

_____

_____

5. Escreva a única palavra que não começa com a letra **E**.

_____

Agora leia o poema "Com P":

1. Copie as palavras que não começam com a letra **P**.

_____

2. Existem palavras que se repetem no poema? Escreva-as abaixo.

_____

_____

3. As palavras pedra, peixe e pássaro, quando repetidas, estão escritas de forma diferente. Qual a diferença?

_____

_____

4. Marque as diferenças na escrita das palavras **PEDRO** e **PEDRA**.

_____

5. Escreva em seu caderno palavras que comecem com a mesma letra do seu nome. Procure combiná-las.

RODA DE CONVERSA

O texto que vamos ler a seguir é um poema. Nele, podemos perceber a linguagem poética, a composição em versos divididos em estrofes, a forma como o autor trabalha as palavras na construção do sentido do texto.

Letramento e alfabetização e alfabetização matemática

Acompanhe a leitura do poema "Convite", de José Paulo Paes.

CONVITE

POESIA
É BRINCAR COM PALAVRAS
COMO SE BRINCA
COM BOLA, PAPAGAIO, PIÃO.

SÓ QUE
BOLA, PAPAGAIO, PIÃO
DE TANTO BRINCAR
SE GASTAM.

AS PALAVRAS NÃO:
QUANTO MAIS SE BRINCA
COM ELAS
MAIS NOVAS FICAM.

COMO A ÁGUA DO RIO
QUE É ÁGUA SEMPRE NOVA.

COMO CADA DIA
QUE É SEMPRE UM NOVO DIA.

VAMOS BRINCAR DE POESIA?

PAES, José Paulo. **Poemas para brincar**. São Paulo: Ática, 2011.

BIOGRAFIA

Ensaísta, tradutor, editor e poeta, o paulista **José Paulo Paes** (1926-1998) desenvolveu sua poesia de modo marcadamente pessoal. Nasceu em Taquaritinga-SP – estudou química industrial em Curitiba, onde iniciou sua atividade literária colaborando na revista Joaquim, dirigida por Dalton Trevisan. Desde 1948, escreveu com regularidade para jornais e periódicos literários. Em 1949, transfere-se para São Paulo, passando a colaborar com os jornais do estado. A partir de 1984, passa a escrever também poemas lúdicos para o público infanto-juvenil. Toda sua obra poética foi reunida, em 1986, sob o título Um por todos.

Biografia é uma narração de fatos particulares das várias fases da vida de uma pessoa ou personagem, divulgada em livro, jornal, filme, texto teatral, etc. A biografia pode ser elaborada em forma de narrativa ou ordem cronológica dos fatos. Geralmente a biografia inicia com o nome da pessoa, a data e o local de nascimento.

Compreensão do texto

Leia novamente o poema e responda oralmente:

- Qual é o título do poema?
- Quem escreveu o poema?
- Como o texto define poesia?
- Qual é o propósito do texto?
- O que acontece com as palavras quando se brinca com elas?
- Qual é o convite que o texto nos faz?
- Quantos versos tem o poema?
- Que palavras o autor repete?
- O que o autor compara no poema?
- Qual o sentido da palavra "novo" dia?

Trabalhando com palavras, letras e sílabas

1. Encontre, na primeira estrofe do poema, as palavras que nomeiam brinquedos infantis. Sublinhe-as e copie-as abaixo.

2. Complete as palavras com as letras que estão faltando.

3. Complete as palavras com as sílabas que faltam:

PA		VRAS	
PA		GAI	O
Brin			

4. Complete as palavras cruzadas com os nomes das figuras.

5. Marque as figuras cujos nomes terminam com o mesmo som que a palavra pi**ão**. Copie as palavras na linha abaixo.

Pinhão	Pipa	Balão
Peteca	Sabão	Pião
Mão	Violão	Limão

Observe que as palavras **pinhão**, **balão**, **mão**, **sabão**, **pião**, **limão**, **violão** têm um sinal que aparece sobre a vogal **A**. Este sinal (~) chama-se **TIL**. O til colocado sobre as vogais **A** e **O** indica som nasal.

Letramento e alfabetização e alfabetização matemática

6. As palavras seguintes são outros nomes do brinquedo papagaio.

PANDORGA   **PIPA**   **RAIA**   **QUADRADO**

- Circule a primeira sílaba dessas palavras.

- Procure, em jornais e revistas, palavras que tenham essas sílabas, em seu caderno. Cole-as ou copie-as em seu caderno.

- Escreva o nome dado a esse brinquedo no lugar onde você mora.

_____

7. Escreva o nome da brincadeira infantil de que você mais gostava quando criança.

- Quantas letras tem a palavra que você escreveu?

- Escreva o número no quadrinho.

8. Leia novamente as palavras do texto e circunde as vogais.

POESIA   **PALAVRAS**   **PAPAGAIO**   **BOLA**

PIÃO   **ÁGUA**   **RIO**   **DIA**

9. Complete as palavras com **Ã**, **ÃES**, **ÃO** e **ÕES**

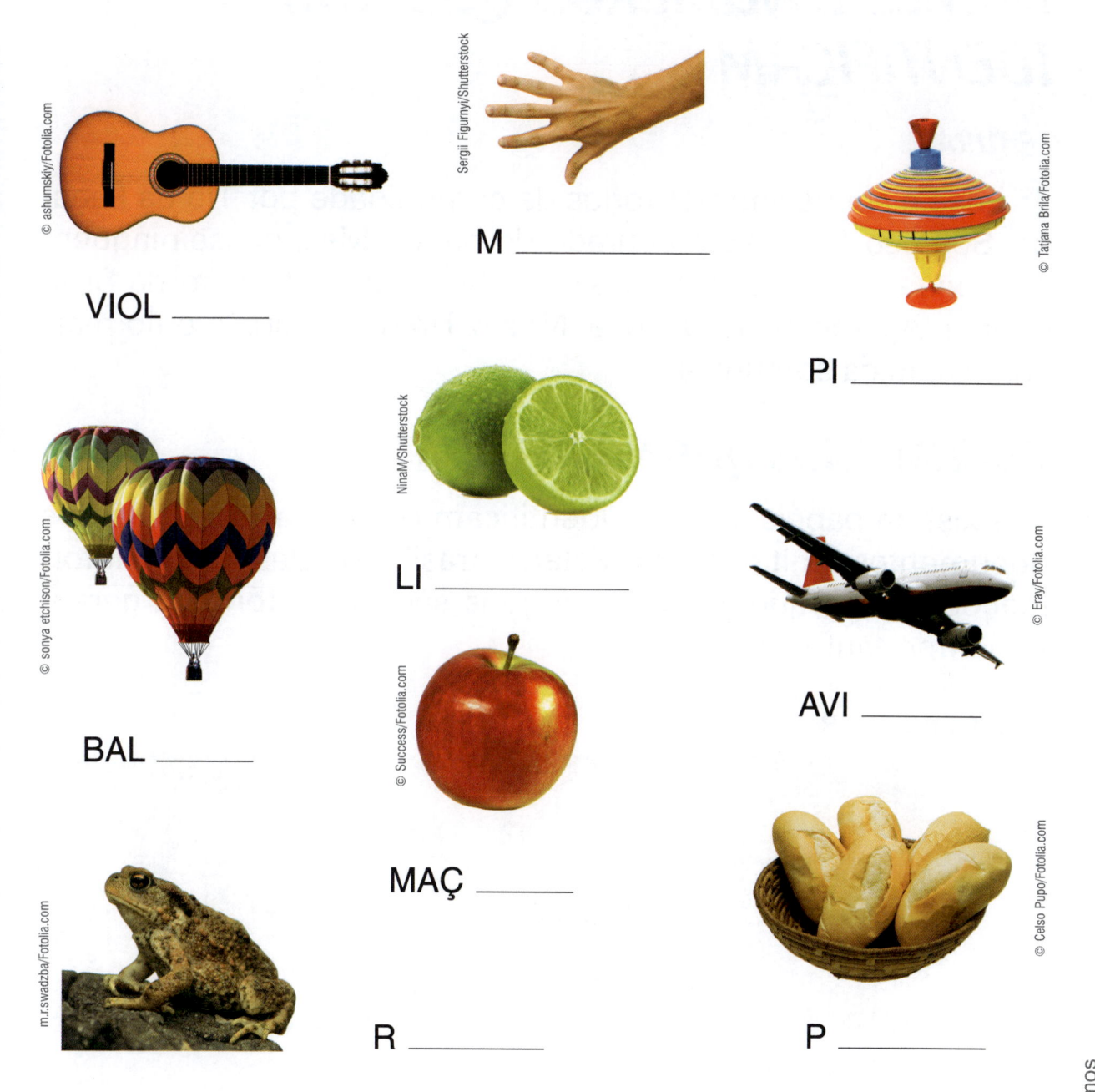

VIOL _____

M _____

PI _____

LI _____

BAL _____

AVI _____

MAÇ _____

R _____

P _____

Leia as palavras em voz alta, observando as sílabas com som nasal.

Produza um texto

Aceite o convite do autor. Reescreva o poema substituindo os brinquedos por outros. Procure manter as rimas. Leia para os colegas, ouça a apresentação deles com atenção.

NOMES E NÚMEROS QUE NOS IDENTIFICAM

LEITURA

José é conhecido por todos da comunidade por Tio da Padaria. Seu pão é o mais procurado do bairro. Mas, quase ninguém conhece o José Nonato da Silva, filho de João Nonato da Silva e Maria Aparecida de Oliveira. Mas o Tio da Padaria é o tio mais conhecido da comunidade.

DOCUMENTOS QUE NOS IDENTIFICAM

Existem papéis que nos identificam de forma oficial. São os documentos emitidos pelo Estado brasileiro. Eles trazem informações sobre quem somos. Alguns são obrigatórios e garantem importantes direitos.

TÍTULO DE ELEITOR

CARTEIRA DE RESERVISTA

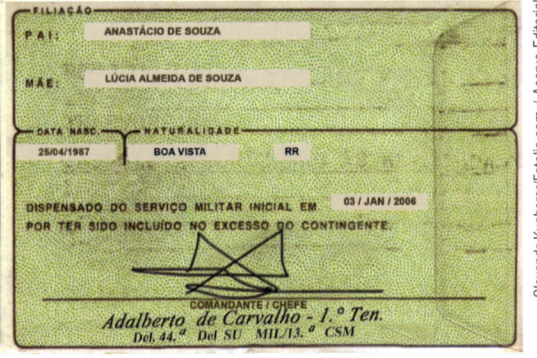

CARTEIRA DE TRABALHO

CARTEIRA DE IDENTIDADE

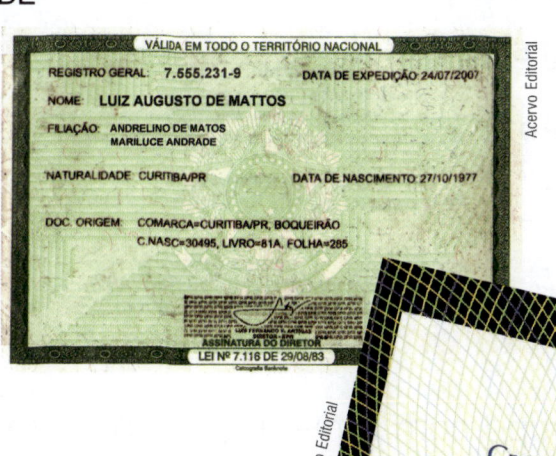

CARTÃO NACIONAL DE SAÚDE

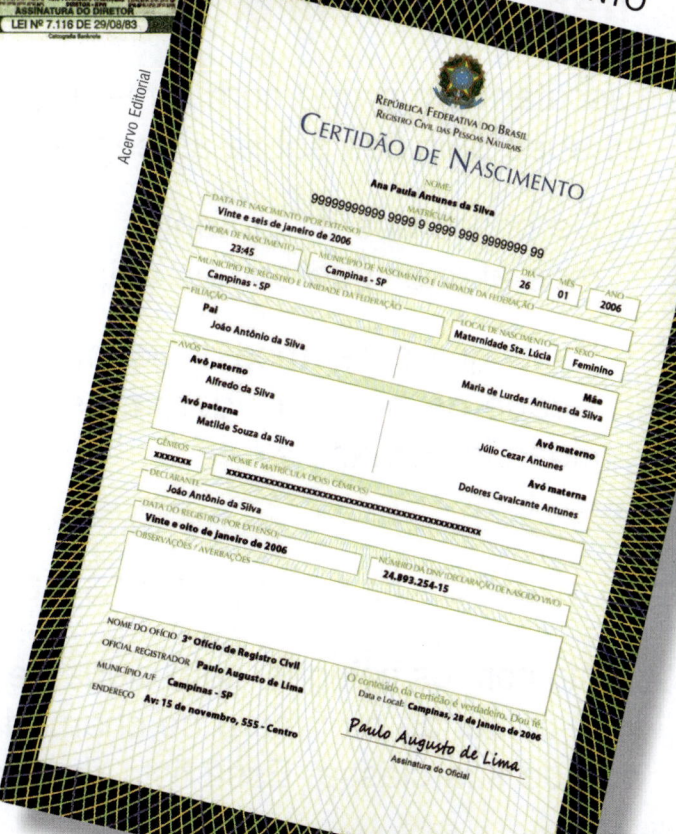

CERTIDÃO DE NASCIMENTO

ABC +123 *Letramento e alfabetização e alfabetização matemática*

1. Pesquise os dados registrados em sua carteira de identidade e localize as seguintes informações:

Nome: _____

_____

Filiação: _____

_____

Nacionalidade: _____

Naturalidade: _____

Número do Registro Geral: _____

Data de Emissão: _____

Órgão Emissor: _____

Trabalhando em grupo

Discutam em grupo com a mediação do professor e manifestem as suas opiniões sobre as seguintes questões:

- De posse dos documentos oficiais que nos identificam, podemos afirmar que somos cidadãos brasileiros?

- Basta que estejamos devidamente documentados ou há necessidade de nos considerarmos integrados na sociedade como cidadãos atuantes?

Trabalhando com palavras e números

1. Junto com os colegas, com ajuda de seu professor, elaborem uma lista contendo o número de chamada, o nome e a idade dos alunos de sua classe. Essa lista deverá estar em ordem alfabética.

2. Agora responda:

a) Na lista há alunos com mais de 60 anos? _____

Quantos? _____

b) Quantos alunos de sua turma estão na faixa dos 17 aos 20 anos? _____

E na faixa dos 20 aos 30 anos?

_____

c) Complete a lista com os dez primeiros alunos mais novos da turma. Comece pelo mais novo.

Nº	Nome do aluno	Idade
1		
2		
3		
4		
5		
6		
7		
8		
9		
10		

d) Quantos anos tem o aluno mais velho da turma?

_____

E o mais novo? _____

Qual é a diferença de idade entre esses dois alunos?

_____

ABC +123 Letramento e alfabetização e alfabetização matemática

e) Em sua turma, é maior o número de mulheres ou de homens?
_____

Quanto a mais? _____

3. Registre seus dados no quadro a seguir:

Nome: _____

Idade: _____

Altura: _____

Quantidade de massa (Peso): _____

Profissão: _____

Endereço: _____
_____

Código de endereçamento postal (CEP): _____

Cidade: _____

Data de aniversário: _____

Atividade preferida: _____
_____

Certidão de nascimento: _____

Número do RG: _____

Número do CPF: _____

Número da Carteira de Trabalho: _____

Título de eleitor: _____

Carteira de habilitação: _____

RODA DE CONVERSA

Você acha possível compreender um texto só com nomes de coisas? O texto narrativo "Todas as coisas têm nome" está escrito apenas com nomes de coisas. Ele está estruturado de uma forma diferente. Observe, durante a leitura, que no texto há somente palavras que nomeiam coisas. Será possível identificar os ambientes em que se desenrolam as ações? E as ações dos personagens?

LEITURA

TODAS AS COISAS TÊM NOME

Chinelos, vaso, descarga, pia, sabonete, água.

Escova, creme dental, água, espuma, creme de barbear, pincel, espuma, gilete, cortina, sabonete, água quente, toalha, creme para cabelo, pente, cueca, camisa, abotoaduras, calça, meias, sapatos, gravata, paletó.

Carteira, níqueis, documentos, caneta, chaves, relógio, [...] jornal, mesa, cadeira, xícara e pires, prato, bule, talheres, guardanapo, quadros, pasta, carro. [...] mesa e poltrona, cadeira, cinzeiro, papéis, telefone, agenda, copo com lápis, canetas, bloco de notas, espátula, pastas, caixa de entrada, de saída, vaso com plantas, quadros, papéis, [...]

Trecho do conto "Todas as coisas têm nome"
RAMOS, Ricardo. in: BOSI, Alfredo. **Conto Brasileiro Contemporâneo**. São Paulo: Cultrix, 1976.

Letramento e alfabetização e alfabetização matemática

> **GLOSSÁRIO**
>
> **Abotoadura** – Botões removíveis usados nos punhos, no peito ou no colarinho da camisa.
> **Espátula** – Instrumento de metal, madeira, etc., em forma de pequena pá achatada ou de faca sem corte, usado para abrir livros.
> **Níqueis** – Nome genérico dado às moedas; dinheiro.

Compreensão do texto

Você observou, durante a leitura, que no texto há somente palavras que nomeiam coisas.

1. Com a ajuda do professor, responda:

Pela leitura dos nomes de alguns objetos, você identifica a presença de um personagem no texto? É um homem ou uma mulher?

_____

2. Retire do texto "Todas as coisas têm nome" o que se pede e escreva em seguida.

a) Três ações do personagem podem ser identificadas no texto.

_____

b) Palavras que indicam o espaço banheiro.

_____

_____

c) Palavras que se referem à refeição matinal.

_____

_____

d) Palavras que identificam as peças do vestuário.

_____

_____

e) Palavras que indicam o local de trabalho.

_____

_____

3. Qual é a característica desse texto que o torna diferente de outros textos?

_____

_____

4. Em que obra se encontra esse texto?

_____

_____

5. Quem é o autor do texto?

_____

Conseguimos entender a mensagem e perceber a presença de um personagem porque a sequência de nomes nos sugere atividades comuns do nosso dia a dia.

Trabalhando com palavras, letras e sílabas

1. Consulte o texto "Todas as coisas têm nome" e verifique quais das sílabas abaixo completam as palavras do quadro.

BO	LÓ	LO	VA	LÁ	LE	LA	NE
____ PIS			ESPÁTU ____		BU ____		
CHINE ____			RE ____ GIO		CA ____ TA		
SA ____ NETE			A ____ TOADURA		____ SO		
GRA ____ TA			ESCO ____		TE ____ FONE		

Unidade 1 • Quem somos

51

2. Complete as palavras com as sílabas destacadas.

CABELO	ESCOVA	CUECA
_____ MISA	_____ PO	DO _____ MENTOS
_____ NETA	BLO _____	PRO _____ RAR
_____ DEIRA	_____ CADA	_____ RIOSO

3. No texto, existem palavras que começam com a letra **P**. Copie-as nas linhas abaixo.

_____

_____

_____

_____

_____

4. Escolha uma sílaba e complete as palavras.

VA	ME	MI	MA	NE	NO	NA	TA	TÓ	TU	TO

ESPU _____	_____ SA	CRE _____
CA _____ SA	CORTI _____	CHI _____ LOS
SABO _____ TE	CA _____ TA	_____ TAS
POLTRO _____	_____ ALHA	PAS _____
ESPÁ _____ LA	GRA _____ TA	PALE _____

Unidade 1 • Quem somos

52

5. Procure em jornais e revistas palavras que iniciam com as letras A, P, E, T, V, L, M. Recorte-as e cole-as no espaço abaixo. Em seguida, leia-as em voz alta.

6. Depois, coloque as palavras na ordem como elas aparecem no alfabeto, ou seja, em ordem alfabética.

_____

_____

_____

_____

7. Observe as seguintes palavras e leia-as em voz alta:

CADEI**R**A   CA**RR**O

- Quando o **R** e o **RR** aparecem entre vogais têm som diferente. O som mais forte é do **RR**. Pronuncie as duas palavras e perceba a diferença.

- Quando o **R** está no começo das palavras, o som é forte como o som do **RR**.

Por exemplo: **R**ELÓGIO

Letramento e alfabetização e alfabetização matemática

- Agora, leia as palavras: CO**R**TINA, CA**R**TA, JO**R**NAL e observe a posição do **R**. Nessas palavras, o **R** ficou no final da sílaba.

- Circule as letras **R** nas seguintes palavras.

DESCARGAS   XÍCARAS   RELÓGIO   CADEIRA

RODA   CARRO   GUARDANAPO   TERRA

8. Preste atenção na posição e no som da letra **R** em cada palavra e copie-as no quadro.

RR entre vogais	**R** entre vogais	**R** inicial	**R** no final da sílaba

9. Complete as palavras com **R** ou **RR**.

QUA ___ TO   XÍCA ___ A   BANHEI ___ O

JO ___ NAL   ___ UA   ___ ELÓGIO

TE ___ A   CA ___ O   CADEI ___ A

10. Observe a posição da letra S nas palavras abaixo.

CAMI**S**A – VA**S**O – ME**S**A

O que acontece com a letra S quando está entre duas vogais?

_____

_____

11. Procure no texto palavras terminadas com a consoante S. Copie-as abaixo.

_____

_____

_____

SABER MAIS

O que é um dicionário? Dicionário é a compilação completa ou parcial das palavras de uma língua, organizadas numa ordem convencionada, geralmente alfabética, e que pode fornecer, além das definições, informações sobre sinônimos, antônimos, ortografia, pronúncia, classe gramatical, etimologia, etc.

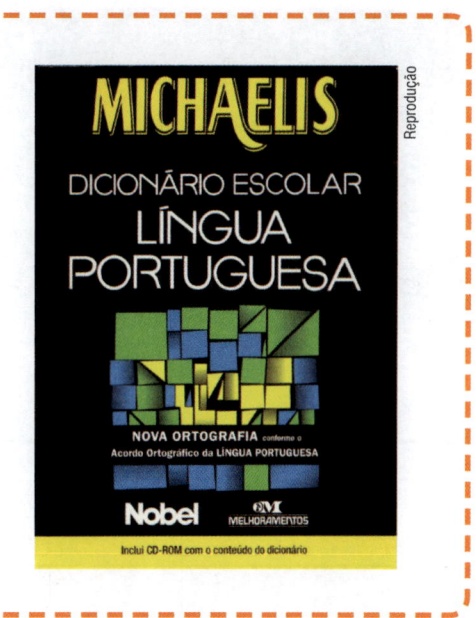

Observe como aparece o significado da palavra "dicionário" no **MICHAELIS: MODERNO DICIONÁRIO DA LÍNGUA PORTUGUESA/ SÃO PAULO: COMPANHIA MELHORAMENTOS, 1998.**

di.ci.o.ná.rio *sm (lat. dicitione)* Coleção de vocábulos de uma língua, de uma ciência ou arte, disposto em ordem alfabética, com o seu significado ou equivalente na mesma ou em outra língua. *Sin: léxico, vocabulário, glossário.*

Letramento e alfabetização e alfabetização matemática

> **GLOSSÁRIO**
>
> **Antônimo** - palavra que tem o sentido oposto ao de outra.
> **Sinônimo** - palavra que significa a mesma ou quase a mesma coisa que outra.
> **Ortografia** - parte da gramática que ensina a escrever corretamente as palavras.
> **Etimologia** - ciência que investiga a origem das palavras.

12. Os nomes abaixo estão ordenados alfabeticamente apenas pela primeira letra. Organize-os como eles apareceriam num dicionário.

B	P	T	D
Bola	Pato	Terra	Divisão
Beleza	Pinta	Tatu	Dente
Buraco	Pétala	Tomate	Dúvida
Bico	Público	Tico-tico	Dólar

13. Procure no dicionário um significado para as palavras abaixo:

- chinelo: _____

- chave: _____

- guardanapo: _____

VERMEER, Johannes. **O astrônomo**. 1668. Óleo sobre tela, 51,5 cm × 45,5 cm. Museu do Louvre, Paris (França).

UNIDADE 2
QUE MUNDO É ESSE?

SOMOS SERES SITUADOS NO TEMPO E NO ESPAÇO. TEMPO QUE SE REVELA NA CONSTRUÇÃO DE NOSSAS HISTÓRIAS DE VIDA, INTERLIGADAS NAS VIVÊNCIAS, INTERAÇÕES E NAS MANEIRAS DE VER E INTERPRETAR O MUNDO. SOMOS ATORES E PORTADORES DA CULTURA PRODUZIDA.

DIFERENTES FORMAS DE COMUNICAÇÃO E INTERPRETAÇÃO DO MUNDO

LEITURA

Acompanhe a leitura do professor de um trecho da obra de Leonardo Boff.

Todo ponto de vista é a vista de um ponto

"Ler significa reler e compreender. Cada um lê com os olhos que tem. E interpreta a partir de onde os pés pisam. Todo ponto de vista é a vista de um ponto. Para entender como alguém lê é necessário saber como são seus olhos e qual a sua visão de mundo. Isso faz da leitura sempre uma releitura. A cabeça pensa a partir de onde os pés pisam. Para compreender é essencial conhecer o lugar social de quem olha. Vale dizer: como alguém vive, com quem convive, que experiência tem, em que trabalha, que desejos alimenta, como assume os dramas da vida e da morte e que esperanças o animam. Isso faz da compreensão sempre uma interpretação. Sendo assim, fica evidente que cada leitor é sempre um co-autor. Porque cada um lê e relê com os olhos que tem. Porque compreende e interpreta a partir do mundo que habita."

BOFF, Leonardo. **A águia e a galinha**. Petrópolis: Vozes, 1997. p. 9.

RODA DE CONVERSA

O autor em seu texto chama a atenção do leitor para a existência de diferentes percepções, compreensões e interpretações do mundo, do outro e das ações humanas.

O que o título do texto sugere?

Você concorda que cada pessoa interpreta o mundo à sua maneira?

Compreensão do texto

Em grupo, discutam as expressões do autor:

"Ler significa reler".

"A cabeça pensa a partir de onde os pés pisam".

"Cada um lê com os olhos que tem".

Exponham oralmente as interpretações do grupo sobre o texto. Escolham um relator.

LEITURA DE OBRA DE ARTE

Em tempos e lugares diferentes, artistas representam o Carnaval. É uma outra forma de ler e interpretar cenas, fatos, acontecimentos...

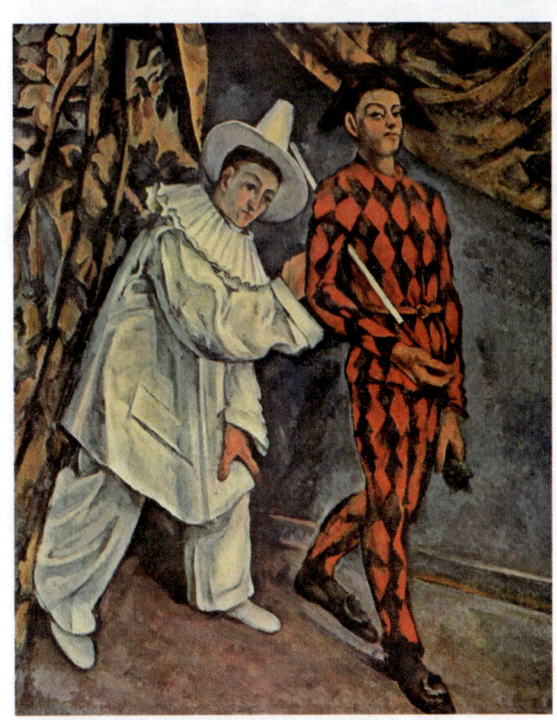

CÉZANNE, Paul. **Mardi Gras**. 1888. Óleo sobre tela, 123 cm x 81 cm. Museu Pushkin, Moscou (Rússia).

GLOSSÁRIO

Mardi Gras – palavra francesa que significa "terça-feira gorda", a terça-feira de carnaval.

A leitura de uma obra de arte depende de cada leitor, que percebe, vê e sente-a de acordo com as suas experiências anteriores, vivências, lembranças, a sua imaginação e com o que já conhece sobre a arte.

Nessa leitura, é importante que: o leitor identifique o título, o tema da obra, o artista que a fez, o lugar, a época, o material utilizado e a técnica (se é figurativa ou abstrata); analise as particularidades, os espaços, as formas, as linhas, as cores; interprete, tentando identificar sensações e sentimentos experimentados; e julgue dando sua opinião a respeito da obra.

Paul Cézanne nasceu em Provença, sul da França. Influenciou a Arte Moderna e é considerado um dos mais importantes nomes da pintura.

Debret, pintor e desenhista francês, nasceu em Paris em 1768. Foi membro da missão de artistas franceses que chegou ao Brasil em 1816.

Regressou à França em 1831, publicando em Paris, de 1834 a 1839, uma série de gravuras sobre aspectos, paisagens e costumes do Brasil, chamada Viagem pitoresca e histórica ao Brasil, documento de valor fundamental para nossa história do começo do século XIX.

Em suas telas retratou, além da paisagem, a sociedade brasileira, destacando a forte presença dos escravizados. A relação da primeira exposição de arte no país, em 1829, foi iniciativa de Debret.

DEBRET, Jean-Baptiste. **Dia d'entrudo**. 1823. Aquarela sobre papel, 18 cm x 23 cm. Museus Castro Maya, Rio de Janeiro (RJ).

GLOSSÁRIO

Entrudo – carnaval; antigo folguedo carnavalesco que consistia em jogar água nas pessoas circundantes.

Leitura das obras de arte

1. Reúna-se com um colega, observem com atenção as duas obras de arte e, com o auxílio do professor, completem o quadro.

	Dia d'entrudo (1823)	Mardi Gras 1888
Quais são os autores das obras?		
O que você vê nessas imagens?		
Qual é o tema das obras?		

Quantas pessoas aparecem nas cenas?		
Que cores predominam nas obras? São claras ou escuras?		
As pessoas retratadas estão vestidas com roupas simples ou luxuosas?		
Você identifica movimento nas obras?		
Existe uma figura central em cada cena?		
Que espaços estão representados nas cenas?		
Como é o fundo das cenas?		
Que sentimentos essas cenas provocam?		
O carnaval atual seria representado da mesma forma?		
Que semelhanças e diferenças é possível identificar no carnaval de ontem e de hoje?		
Qual é a diferença social aparente nas personagens representadas nas cenas?		
O que as cenas lhe lembram?		
Você acha que essas obras são importantes? Por quê?		
Por que as pessoas gostam de ter obras de arte?		

2. Da leitura que você fez, é possível extrair o significado das obras? Responda em seu caderno.

FORMAS DE COMUNICAÇÃO DIMINUEM DISTÂNCIAS

RODA DE CONVERSA

Cartas são mensagens manuscritas ou impressas dirigidas a pessoas para comunicar algo. São consideradas o meio de comunicação mais antigo do mundo. A troca de mensagens entre as pessoas acontece quando há interesses comuns entre os interlocutores. Você costuma comunicar-se com parentes e amigos? Qual é o meio de comunicação que você utiliza?

Acompanhe a leitura de cartas escritas no período da promulgação da Constituição Brasileira. Elas fazem parte do livro Correspondência escrito por Bartolomeu Campos de Queirós.

CARTAS

Sara, amada

Como são fortes as palavras! Elas dizem coisas que só o coração escuta.

Se escritas sobre o papel claro, ficam mais iluminadas e eternas. Sei que as palavras podem abrir novo caminho.

Procurei dentro de mim alguma palavra dormindo. Só encontrei uma: Igualdade.

Ela nos permite viver as diferenças.

Até muito em breve.

Lucas

QUEIRÓS, Bartolomeu Campos de. **Correspondência**. Belo Horizonte: Miguilim, 1987.

Leia mais uma carta do livro *Correspondência*.

Meu caro João

Um dia todos nós vamos receber uma carta. Ela chegará como um sonho, nos acordando para nossos Direitos e Deveres. Todas as palavras serão conhecidas. Será uma carta clara como nossos desejos. Passaremos a morar em um país correspondido.

Mando ainda três palavras para nossa correspondência: Eleitor, Expressão e Escola.

Sua amiga,

Sara

QUEIRÓS, Bartolomeu Campos de. **Correspondência.** Belo Horizonte: Miguilim, 1987.

Estas cartas fazem parte de um livro escrito por Bartolomeu Campos de Queirós, o qual retrata a época da ditadura civil e militar em que o povo brasileiro reclamava pelos seus direitos individuais políticos, sociais e civis. Num tempo em que havia esperança de mudanças políticas. O livro é uma única carta composta por várias cartas, por isso, não apresenta datas em cada carta, ela está referenciada no livro que se chama *Correspondência* e foi publicado em 1987 pela Editora Miguilim.

Letramento e alfabetização e alfabetização matemática

Compreensão do texto

Identifique na carta.

1. Quem escreveu a primeira carta?

_____

2. Para quem ela foi escrita?

_____

3. Qual é a intenção presente no texto da segunda carta?

_____

4. Por que elas não têm data, como a maioria das cartas?

_____

_____

5. Quais as três palavras que Sara escreveu para seu amigo?

_____

As diversas cartas do livro *Correspondência* mantêm a unidade da obra, formando uma rede de mensagens.

6. Procure no dicionário e discuta em sala o significado das palavras.

Observe: às vezes, estamos escrevendo e percebemos que não há espaço suficiente, no final da linha, para escrever a palavra inteira, então, temos de separar as sílabas dessa palavra.

Por exemplo:

Sei que as palavras podem abrir novos **cami-nhos**, ou

Sei que as palavras podem abrir novos **ca-minhos**.

A carta deve apresentar sempre a data e ser enviada em envelope com destinatário e remetente. O endereço deve ser completo, inclusive com o CEP (Código de Endereçamento Postal), para facilitar o trabalho dos carteiros dos Correios.

Deverá ser selada.

Observe como devemos endereçar as nossas correspondências.

Remetente Pedro Da Matta
Endereço Rua Campos Ferreira, 930
8 3 2 5 0 2 3 0 São Paulo - SP

Para
João Marcelo Almeida
Rua Santos Filho, 48
Curitiba-PR
CEP 80250-100

Produza um texto

Escreva uma carta para um amigo e escolha uma palavra especial para enviar.

Observe as seguintes informações.

- Lembre-se de indicar o local, a data e de saudar o destinatário.
- Use uma folha de papel preferencialmente pautada.
- Escreva a mensagem adequando a linguagem à situação de comunicação e finalmente não deixe a carta sem assinatura.
- Junto com seu professor faça a correção da carta e passe a limpo.
- Depois, coloque-a num envelope selado, com endereço completo e envie pelo correio.

As cartas geralmente são enviadas via correio, fechadas num envelope, endereçadas e seladas.

Os selos podem ser: comuns, com tiragem ilimitada e prazo de circulação indefinido; comemorativos, quando a emissão é temática e registra fatos, datas, eventos de destaque e homenageia personalidades; especiais, dirigidos a colecionadores, à filatelia nacional e internacional.

GLOSSÁRIO

Filatelia – Estudo e coleção metódica dos selos postais dos diversos países.

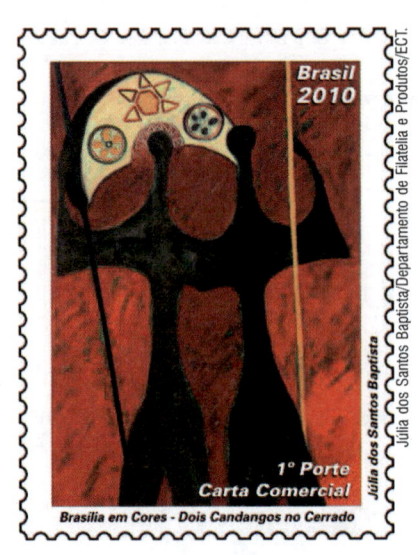

Série Brasília.
Tema: Sonho e Realidade: monumentos e arquitetura.
Artista: Júlia dos Santos Baptista

Tema: Dia mundial de conscientização da violência contra a pessoa idosa.
Artista: Ariadne Decker / Meik

Fonte: Empresa Brasileira de Correios e Telégrafos.

BILHETES

RODA DE CONVERSA

Os bilhetes são mensagens muito usadas no dia a dia. São textos simples, breves, com conteúdo reduzido ao essencial. O bilhete é usado na comunicação rápida, geralmente escrito em linguagem coloquial entre interlocutores que mantêm uma relação próxima. Você sabe o que é linguagem coloquial?

LEITURA

Leia o bilhete que Leda escreveu para Maria.

> MARIA
>
> AMANHÃ É O ANIVERSÁRIO DE LUZIA E ELA PREPAROU UM BOLINHO PRA RECEBER OS COLEGAS.
>
> VAMOS CUMPRIMENTÁ-LA? PODEMOS IR DEPOIS DA ÚLTIMA AULA. VOCÊ TOPA?
>
> CONFIRME, POR FAVOR.
>
> BEIJOS
>
> LEDA
>
> 24/6/12

Lembre-se de que o bilhete é uma mensagem curta.
Inicia-se com o nome do destinatário.
A linguagem é informal, descontraída.
É finalizado com o nome do remetente.

Leda usa em seu bilhete uma linguagem informal. Localize no bilhete as palavras que indicam a linguagem informal usada. Escreva-as abaixo:

Um diminutivo afetivo _____

Uma gíria _____

Uma redução de para _____

GLOSSÁRIO

Linguagem coloquial – linguagem em tom de conversação ou palestra entre duas ou mais pessoas.
Linguagem informal – linguagem usada no quotidiano nas conversas com amigos ou com a família.

Os bilhetes podem ser entregues em mãos ou podemos deixá-los em um local onde a pessoa a quem ele se destina possa encontrá-lo facilmente. Alguns bilhetes podem ser fixados em murais quando se destinam a mais de uma pessoa.

Agora leia outro bilhete e verifique se existem gírias e reduções.

> Professor João
>
> Solicito sua permissão para entregar amanhã o meu trabalho de matemática. Peço sua compreensão.
>
> Obrigado.
>
> Pedro
>
> 17/10/12

A linguagem tanto nas cartas quanto nos bilhetes pode ser formal ou informal. Depende da situação e do destinatário.

Compreensão do texto

1. Você observou atentamente as cartas e os bilhetes que encontramos até aqui. Então, responda:

   a) Quais são as partes que compõem um bilhete?
   _____
   _____

   b) Qual é a principal diferença entre uma carta e um bilhete?
   _____
   _____

   c) Na data 17/10/12, o que significam os números:

   17 – _____

   10 – _____

   12 – _____

d) Se o bilhete foi escrito no dia 17/10/12, qual é o dia que Pedro pretende entregar o trabalho de Matemática?

_____

2. No calendário abaixo...

Outubro de 2012						
Domingo	Segunda	Terça	Quarta	Quinta	Sexta	Sábado
	1	2	3	4	5	6
7	8	9	10	11	12	13
14	15	16	17	18	19	20
21	22	23	24	25	26	27
28	29	30	31			

a) Desenhe um círculo ao redor do dia em que Pedro escreveu o bilhete para o professor João.

b) Desenhe um triângulo no dia da entrega do trabalho de Matemática.

3. Observe o calendário e responda:

Nome do mês	Ano	Semanas completas	Semanas incompletas	Domingos

4. Além dos bilhetes podemos escrever lembretes. Você já observou que muitas pessoas escrevem lembretes sobre fatos importantes que não podem ser esquecidos?

LEMBRETES

1. Leia os lembretes apresentados a seguir.

ENCOMENDA DO LEANDRO:

1 CENTO DE BRIGADEIROS
50 DOCINHOS DE COCO
300 EMPADAS
250 QUIBES
ENTREGA: DIA 22/11 ATÉ ÀS 18h45
LIGAR ANTES PARA A JÚLIA:
FONE 4021-1258

ENVIAR:
- UM GALÃO DE TINTA BRANCA DE 18 ℓ
- UM PACOTE DE MASSA CORRIDA DE 6 kg
- UMA ESCADA DE 2,50 m

Vacinação da Alice - hepatite C
Data: 25/10
Horário: a partir das 10h20
Local: posto de saúde do bairro

PAGAR NO DIA 12/09

LUZ: R$ 98,00
ÁGUA: R$ 32,58

Ana,
Depositar no banco as moedas de 1 real que estão na caixa.

a) Copie desses lembretes os registros numéricos que identificam:

- data: _____
- horário: _____
- medida de valor: _____
- medida de capacidade: _____
- medida de massa: _____
- medida de comprimento: _____
- quantidade: _____

b) Você considera importante esse tipo de comunicação? Por quê?

_____

_____

_____

c) A figura mostra a quantidade de moedas de 1 real que Ana deverá depositar no banco.

- Você sabe quantas moedas estão representadas nessa figura? Separe as moedas em grupos de dez, faça a contagem e responda:

Letramento e alfabetização e alfabetização matemática

- Quantos grupos de dez moedas você formou? _____
- Sobraram moedas fora dos grupos de dez? Quantas?

_____

Podemos representar essa quantidade de moedas por:

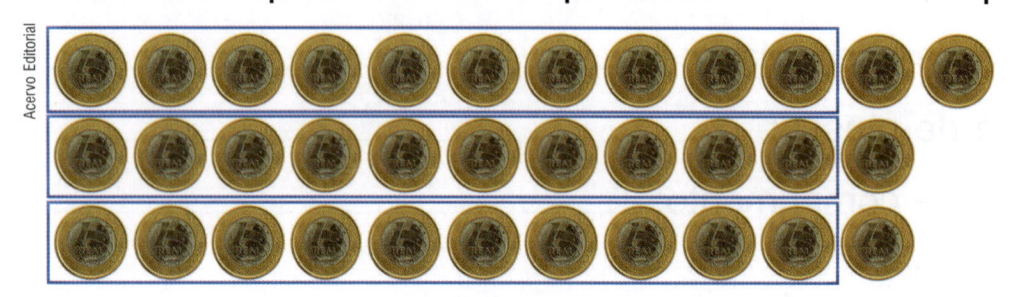

ou

10 unidades = 1 dezena

Então, temos:

- quantas dezenas de moedas? _____
- quantas unidades soltas, que não formaram nenhuma dezena?

_____

Com esses dados complete o quadro das ordens.

Dezenas	Unidades

Agora responda:

- Três dezenas e quatro unidades, formam que número?_____

Escreva com palavras esse número. _____

Perceba que:

3 dezenas + 4 unidades = 10 + 10 +10 + 4 = 30 + 4 = 34

ou 3 x 10 + 4 = _____ + _____ = _____

↑——— vezes

Portanto, na figura estão representadas _____ moedas de 1 real. Logo, Ana deverá depositar no banco _____ reais.

2. Agora conte a quantidade de cubos que estão desenhados na figura a seguir.

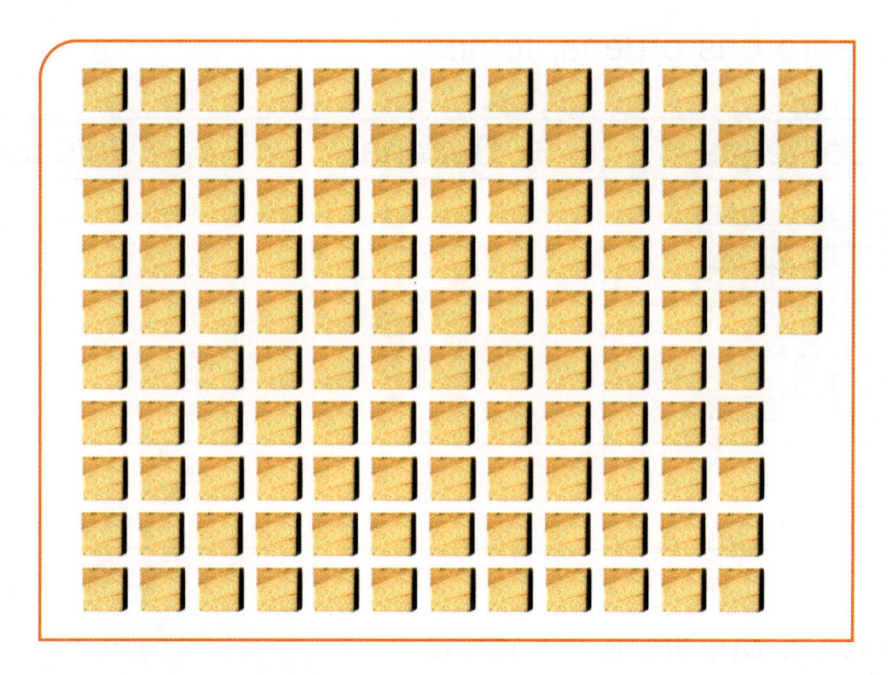

Separe os cubos em grupos de dez.

- quantos grupos de dez cubos você formou? _____
- há cubos soltos fora dos grupos de dez? _____ Quantos? _____

Podemos representar os agrupamentos de dez, da seguinte forma:

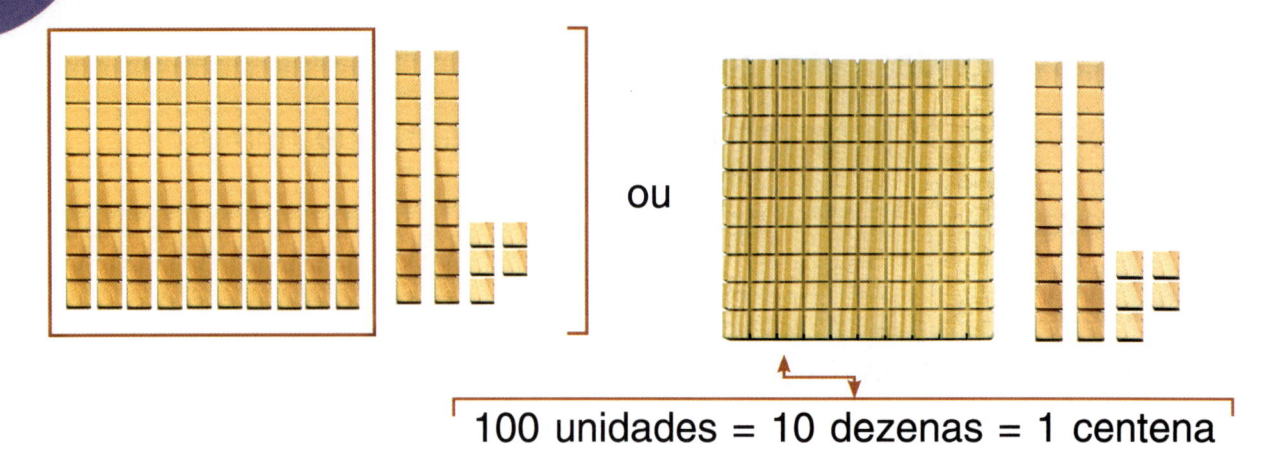

Letramento e alfabetização e alfabetização matemática

100 unidades = 10 dezenas = 1 centena

Então, temos:

- quantas centenas de cubos? _____
- quantas dezenas? _____
- quantas unidades soltas? _____

No quadro das ordens, temos:

Centenas	Dezenas	Unidades

Observe o quadro e responda:

- Uma centena, duas dezenas e cinco unidades, formam um número? Que número é esse? _____

Escreva por extenso como você lê esse número. _____

Decompondo o número 125, temos:

125 = 1 centena + 2 dezenas + 5 unidades, ou...

125 = 1 x 100 + 2 x 10 + 5

125 = 100 + 20 + 5

Portanto, na figura há 125 cubos.

1. Utilize os algarismos indo-arábicos e escreva os números que correspondem:

    a) a quantidade de dias que tem em 1 ano. _____

    b) o valor do salário mínimo de sua região sem considerar os centavos.

    _____

2. Escreva no caderno dois números que tenham significado para você. Explique para os colegas o que eles representam.

3. No quadro a seguir temos a representação de um número.

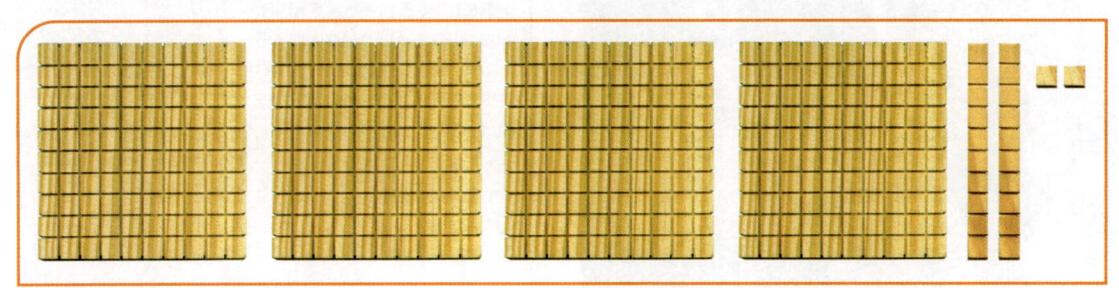

Analise e responda:

- O número representado é formado por quantas centenas?

_____

- Quantas dezenas fora dos grupos das centenas?

_____

Letramento e alfabetização e alfabetização matemática

- Quantas unidades fora dos grupos das centenas e das dezenas?

_____

Então, temos: 4 centenas, 2 dezenas e 2 unidades

Ou 4 x _____ + 2 x _____ + 2 = _____ + _____ + _____

Agora, você sabe qual é o número? _____

Que se lê:

_____

CARTÃO-POSTAL

Além das cartas e bilhetes, podemos enviar cartões-postais aos amigos, parentes, colegas de trabalho, namorado(a), etc., àqueles com os quais queremos compartilhar um determinado momento.

Frente

[Imagem: Pantanal Mato-grossense]

Verso

CARO JOÃO
SINTO SAUDADE DE VOCÊ. SABE, ESSE LUGAR É MARAVILHOSO, NÃO IMAGINEI QUE A NATUREZA PUDESSE NOS APRESENTAR TANTA BELEZA NUM MESMO ESPAÇO.
MEU RETORNO ESTÁ MARCADO PARA SÁBADO.
ABRAÇOS
TERESA

João Alves e Silva
Rua Marechal Floriano, 312
Caxias do Sul – RS
CEP 95 041-690

Compreensão do texto

1. Quem é o destinatário do cartão-postal?

_____

2. Quem é o remetente do cartão?

_____

3. Onde estava Teresa quando enviou o postal?

_____

4. Qual é o endereço da residência do destinatário? Pinte o número.

_____

_____

_____

LEITURA

MENSAGEM VIA INTERNET (*E-MAIL*)

Atualmente, grande parte da população utiliza o sistema de mensagens curtas (SMS) para enviar recados de texto pelo celular, chamados no Brasil de torpedos.

São, também, muito usadas nas mensagens (*e-mail*) via internet – correio eletrônico e mensagem instantânea – na comunicação breve e curta, para encaminhar a alguém um aviso, um comunicado, uma informação, uma felicitação, uma ordem, etc.

Para que as pessoas possam trocar mensagens virtuais, pessoais ou formais, nesse sistema de transmissão, devem ser usuários de computador ou de celular que possua internet e ter cadastrado um endereço eletrônico – *e-mail* (***eletronic mail***).

Observe como se estrutura uma mensagem virtual.

- Endereço eletrônico do remetente (preenchimento automático), data (preenchimento automático), endereço do destinatário, possibilidade de cópias a outros destinatários, assunto, texto (vocativo, corpo da mensagem, despedida e assinatura).

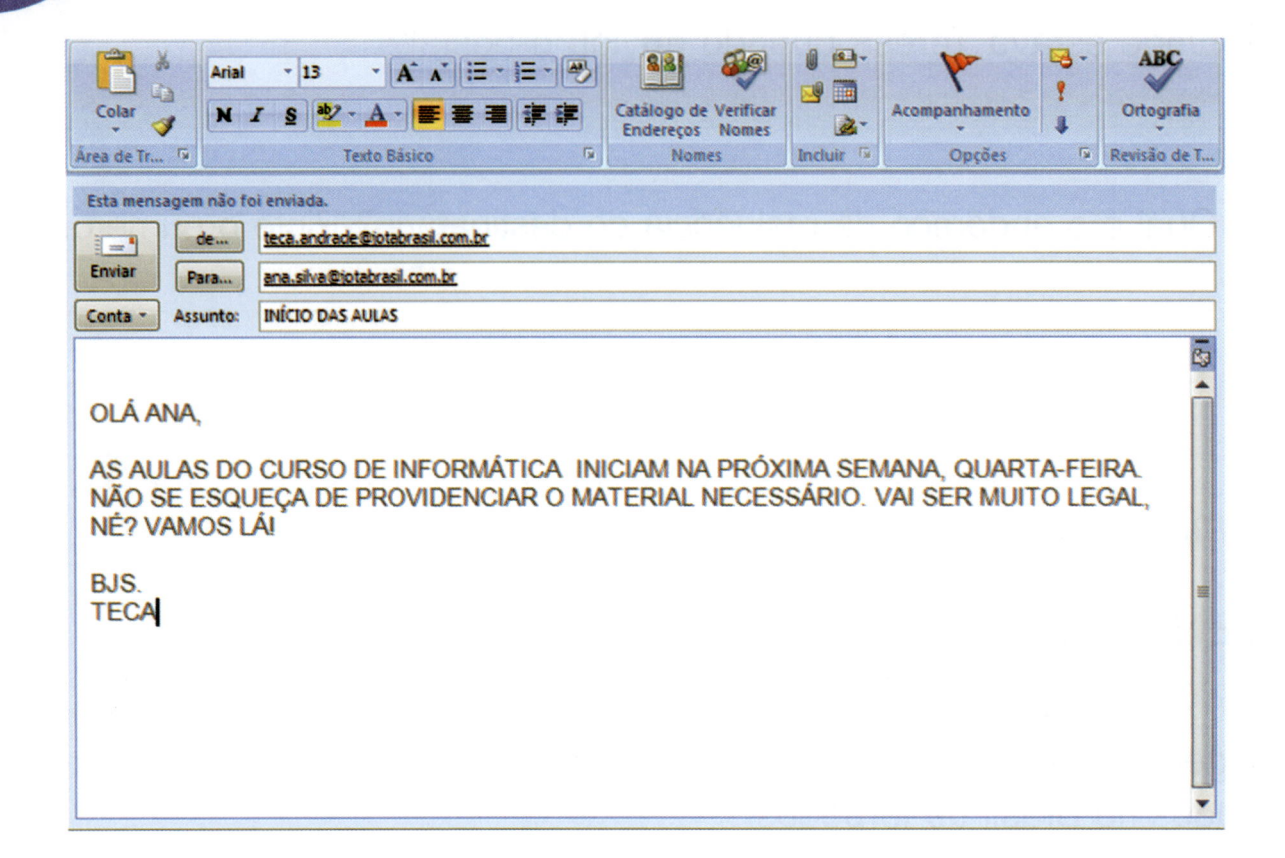

SABER MAIS

O símbolo "@" (arroba) que existe nos *e-mails* é utilizado para representar a localização das caixas postais dos usuários na rede de informática. Em inglês, o símbolo "@" é lido como "at", que indica lugar. Passou a ser usado em um dos primeiros programas criados para enviar *e-mails*, em 1971.

O símbolo "@" foi criado para representar uma unidade de medida de massa e mais tarde passou a ser usado como caractere da computação.

Compreensão do texto

1. Quem enviou o *e-mail*?
   _____

2. Para quem o *e-mail* foi escrito?
   _____

3. Observe que a linguagem usada nesse *e-mail* é informal. Há expressões de gíria e abreviações que caracterizam esse gênero textual. Quais são elas?
   _____

4. Comente o significado das expressões do texto.

   • Legal _____

   • Né _____

   • Bjs _____

Observe que a linguagem usada no *e-mail* pode ser informal, porém, dependendo da situação de comunicação, ela deve ser formal. A escolha da linguagem está condicionada ao grau de proximidade que temos com nosso interlocutor.

Produza um texto

Escreva um *e-mail* para um amigo comunicando a data, o local e a hora em que será exibido um filme para os alunos do colégio. Você pode escolher um nome para o filme, o motivo pelo qual o filme será exibido, quem está promovendo a sessão de cinema, etc.

Observe as características do *e-mail* no modelo da página anterior.

SISTEMA DE NUMERAÇÃO DECIMAL

Para que uma correspondência chegue ao seu destino, é muito importante que, no envelope, o endereço esteja escrito corretamente. Caso contrário, o correio a devolverá ao remetente, isso se o endereço do remetente estiver escrito corretamente.

Imagine que, ao escrever no envelope do cartão-postal o número 312, o remetente tenha trocado a ordem dos algarismos 2 e 3, registrado o número 213.

Você acha que essa correspondência chegará ao destino correto?

Se você respondeu que, ao trocar a ordem dos algarismos que compõem o número 312, teremos outro número e que a carta poderá ser entregue em outro endereço, parabéns, é isso mesmo.

Vamos analisar a composição desses dois números nos ábacos. Acompanhe:

- Você sabe qual é o número que está representado no ábaco 1?

ábaco 1

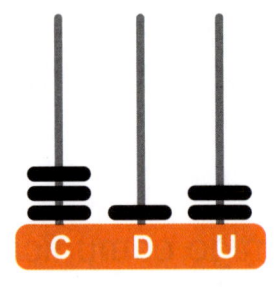

U → unidade
D → dezena
C → centena

1. O número que está representado nesse ábaco possui:

- Quantas centenas? _____
- Quantas dezenas? _____
- Quantas unidades? _____

2. Observe que 3 centenas, 1 dezena e 2 unidades é o mesmo que:

3 x 100 + 1 x 10 + 2 =

_____ + _____ + _____ = _____

Logo, o número que está representado no ábaco 1 é _____.

Escreva com palavras esse número _____

_____

ábaco 2

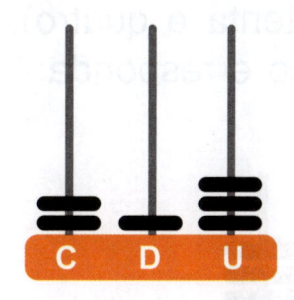

- E no ábaco 2, qual é o número que está representado?

O número que está representado nesse ábaco possui:

- Quantas centenas? _____
- Quantas dezenas? _____
- Quantas unidades? _____

3. Observe que 2 centenas, 1 dezena e 3 unidades é o mesmo que:

2 x 100 + 1 x 10 + 3 =

_____ + _____ + _____ = _____

Logo, o número que está representado no ábaco 2 é _____,

Escreva com palavras esse número _____

_____

Letramento e alfabetização e alfabetização matemática

No sistema de numeração decimal, cada algarismo possui um determinado valor dependendo da ordem que ele ocupa na escrita de um número.

Assim, o algarismo 3, na escrita do número 312, ocupa a ordem das centenas e vale 300. No entanto, na escrita do número 213, vale 3, pois ocupa a ordem das unidades.

Trabalhando com números

1. Combinando o algarismo 4 com 8, obtemos os números 48 (quarenta e oito) ou 84 (oitenta e quatro). Observe esses números representados no ábaco e responda:

U: unidade
D: dezena

Representação do número 48

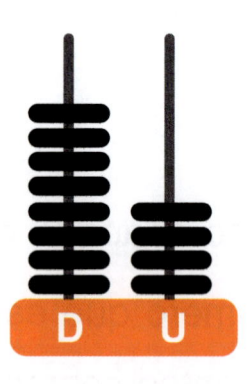

Representação do número 84

a) O número 48 é formado por quantas dezenas?_____

E por quantas unidades? _____

b) O número 84 é formado por quantas dezenas?_____

E por quantas unidades? _____

Você observou que, dependendo da posição que um algarismo ocupa no número, ele tem um determinado valor?

2. Junte algarismos, forme números e escreva como você os lê e responda:

Algarismos	Número	Escrita do número
1 com 8		
4 com 6		
9 com 2		
3 com 0		

a) Quanto vale o algarismo 8 no número 18? _____

E no número 81? _____

b) Quanto vale o algarismo 6 no número 46? _____

E no número 64? _____

c) Quanto vale o algarismo 9 no número 92? _____

E no número 29? _____

d) Quanto vale o algarismo 3 no número 30? _____

E no número 3? _____

3. Nos ábacos abaixo estão representados alguns números. Quais são eles?

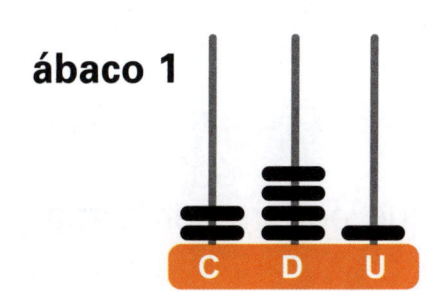

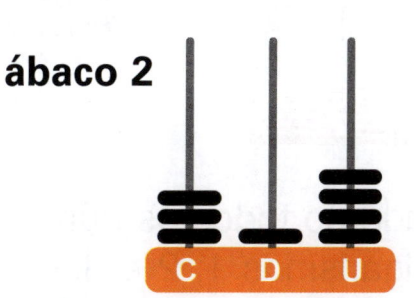

ábaco 1

ábaco 2

U → unidade
D → dezena
C → centena

ABC +123 *Letramento e alfabetização e alfabetização matemática*

Escreva com palavras os números que estão representados

- No ábaco 1: _____
- No ábaco 2: _____

4. Complete o espaço com o número que está representado no ábaco.

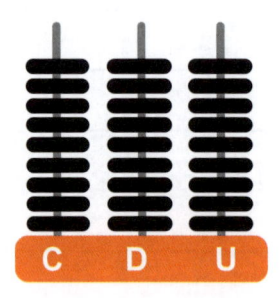

5. Converse com seus colegas sobre a seguinte situação.

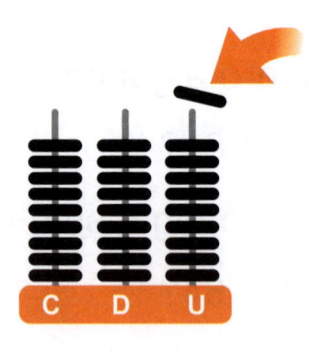

a) Ao acrescentar mais uma unidade ao número representado, teremos um novo número. Qual é o número? _____

b) Represente esse número no ábaco abaixo.

U → unidade
D → dezena
C → centena
UM → unidade de milhar

c) Escreva no caderno todos os números que podem ser formados com os algarismos 1, 2 e 3.

ÉTICA E CIDADANIA: PODER DA PARTICIPAÇÃO

RODA DE CONVERSA

Leia a opinião de Herbert de Souza sobre a importância da participação social. Qual é a intenção do autor no texto? O que você entende por participação social?

LEITURA

Herbert de Souza

"EU PRECISO PARTICIPAR DAS DECISÕES QUE INTERFEREM NA MINHA VIDA. UM CIDADÃO COM UM SENTIMENTO ÉTICO FORTE E CONSCIÊNCIA DA CIDADANIA NÃO DEIXA PASSAR NADA, NÃO ABRE MÃO DESSE PODER DE PARTICIPAÇÃO". (HERBERT DE SOUZA, O BETINHO)

SOUZA, Herbert. **Ética e Cidadania**. São Paulo: Moderna, 1994.

Lembre-se:
Os textos de opinião são breves, claros na interpretação dos fatos e apresentam uma visão crítica. Os textos opinativos têm a finalidade de informar, influenciar e convencer os leitores ou ouvintes.

GLOSSÁRIO

Ética – parte da filosofia que estuda os valores morais e os princípios ideais de conduta humana.
Cidadania – gozo dos direitos civis e políticos de um Estado pelos cidadãos.
Participação – ato ou efeito de participar das decisões que interferem na vida da sociedade.

Acompanhe a leitura do professor

Para entendermos o que o autor diz, é preciso situá-lo no tempo e no espaço vivido.

Herbert de Souza nasceu em Bocaiúva (MG) no dia 3 de novembro de 1935, e faleceu no Rio de Janeiro em 9 de agosto de 1997.

Formou-se em Sociologia em 1962 e começou a sua militância política na Juventude Católica, em Belo Horizonte.

Em 1964, depois do golpe militar, Betinho engajou-se na resistência contra a ditadura.

Em 1971, Herbert de Souza partiu para o exílio. Morou em diversos países: Chile, Canadá e México.

Com a anistia política, em 1979, Herbert José de Souza retornou ao Brasil. Tornou-se um dos símbolos da resistência política. Foi também um dos fundadores da campanha nacional pela reforma agrária, lutou pela democratização da terra.

Em 1992, Betinho liderou o movimento pela Ética na Política, que culminou com o *impeachment* do então presidente Fernando Collor. Participou do movimento "Ação da Cidadania contra a Miséria e pela Vida". A partir da participação de Betinho, o problema da fome e da miséria tornou-se visível e concreto para todos os brasileiros.

Fonte de pesquisa: <http://www.brasilescola.com/datas-comemorativas/herbert-souza.htm>.

A maneira como Herbert de Souza conduziu sua participação nas decisões nacionais lhe permite dizer a todos os cidadãos que "é preciso participar" porque a participação consciente de cada um interfere na vida da sociedade.

Compreensão do texto

1. Qual é a intenção do texto?

   _____

2. Por que usou-se aspas na declaração do autor?

   _____

3. O autor se refere à participação do cidadão nas decisões. A que decisões você acha que ele se refere?

   _____

4. Segundo Herbert de Souza, por que é preciso participar?

   _____
   _____

5. De que poder um cidadão com um sentimento ético forte não abre mão?

   _____
   _____

6. Você participa de alguma atividade coletiva em sua cidade? Qual?

   _____
   _____

Trabalhando com palavras, letras e sílabas

1. Leia novamente o posicionamento de Herbert de Souza e assinale no texto as palavras abaixo.

   CIDADÃO   **ÉTICO**   **DECISÕES**

   CONSCIÊNCIA   **CIDADANIA**   **PARTICIPAÇÃO**

Letramento e alfabetização e alfabetização matemática

2. As palavras que você localizou no texto estão separadas em partes. Cada parte representa uma sílaba. Escreva as letras que compõem essas palavras nos quadrinhos correspondentes.

Consciência | CONS | CI | ÊN | CIA

Cidadão | CI | DA | DÃO

Decisão | DE | CI | SÃO

Cidadania | CI | DA | DA | NIA

Ética | É | TI | CA

3. Analise novamente essas palavras e responda:

a) Qual delas é escrita com maior número de letras?

_____

E com o menor número? _____

b) Copie as palavras que possuem três sílabas.

_____

c) Por exemplo, se duas palavras têm o mesmo número de sílabas, elas têm também o mesmo número de letras?

_____

Explique mostrando exemplos.

_____

_____

RODA DE CONVERSA

Mauricio de Sousa, criador do personagem Horácio, é o autor dessa divertida história em que Horácio e Tecodonte, seu melhor amigo, discutem sobre um hábito social.

> Horácio é um filhote de *Tyrannossaurus rex*. Ele é gentil e amigo, preocupa-se sempre em auxiliar o próximo. Tem vários amigos, entre eles o Tecodonte que o acompanha nas mais divertidas histórias.

LEITURA

HORÁCIO

[Quadrinho 1] (sem falas) — Horácio e Tecodonte caminham; Tecodonte tropeça.

[Quadrinho 2] (sem falas) — Tecodonte cai.

[Quadrinho 3] — POR QUE VOCÊ NÃO RIU QUANDO EU CAÍ?

[Quadrinho 4] — POR QUE EU DEVERIA RIR? / FOI UMA COISA DOLOROSA, NÃO FOI? / VOCÊ PODERIA TER ATÉ SE MACHUCADO!

[Quadrinho 5] — TODO MUNDO RI QUANDO ALGUÉM CAI! / FAZ PARTE DOS HÁBITOS DA CIVILIZAÇÃO!

[Quadrinho 6] — MELHOR RIR DA DESGRAÇA ALHEIA DO QUE DA NOSSA!

[Quadrinho 7] — ÀS VEZES, NÃO TE ENTENDO, HORÁCIO!

[Quadrinho 8] (sem falas)

[Quadrinho 9] — NÃO SERIA MAIS LÓGICO CHORAR COM A DESGRAÇA ALHEIA... COMO CHORAMOS COM A NOSSA?

FIM

> Os textos históricos em quadrinhos são enredos narrados quadro a quadro combinando a linguagem verbal (escrita e falada, colocada nos balões e legendas) e visual (imagem gráfica).

Fonte: SOUSA, Mauricio de. **Horácio**. <www.turmadamonica.com.br/comics/horacio/hor-005.htm>.

Compreensão do texto

Com os colegas, respondam oralmente às seguintes questões:

- Em que época se passa a história? Considerem que os personagens são dinossauros.

- Quais são os personagens dessa história?

- Quem os criou?

- O que o personagem (Tecodonte) perguntou para o Horácio?

- O que Horácio pensa sobre rir quando alguém cai?

- Qual é a opinião do amigo de Horácio sobre o comportamento de todo mundo quando vê alguém cair? Ele considera isso normal?

- Sobre o que Horário ficou se questionando quando seu amigo o deixou? O que pode significar a expressão de Horácio no último quadrinho?

- Esse texto narra uma história por meio de imagem e texto escrito, organizados em quadrinhos. Como é chamado esse gênero textual?

- Como está indicada a fala dos personagens?

Trabalhando com palavras, letras e sílabas

1. Leia a transcrição dos diálogos da história em quadrinhos, escritos nos balões, e observe os sinais de pontuação do texto que facilitam a leitura e o alcance do significado. Podemos perceber quando há uma pergunta (?), uma exclamação (!) e a transcrição da fala dos personagens indicada pelos travessões (–), além dos pontos finais (.) e vírgulas (,).

Tecodonte	— Por que você não riu quando eu caí?
Horácio	— Por que eu deveria rir?
	— Foi uma coisa dolorosa, não foi?
	— Você poderia ter até se machucado!
Tecodonte	— Todo mundo ri quando alguém cai!
	— Faz parte dos hábitos da civilização!
	— Melhor rir da desgraça alheia do que da nossa!
	— Às vezes, não te entendo, Horácio!
Horácio	— Não seria mais lógico chorar com a desgraça alheia... Como choramos com a nossa?

2. Escreva uma história em quadrinhos contando como é seu dia a dia. Além dos balões que indicam a fala você pode usar balões que indicam pensamento, ou ainda, usar letras para representar barulhos, espanto ou choro.

CRASH – o vaso quebrou.

AHAAAAAA! – espanto.

BUÁÁÁÁÁÁ! – choro.

A representação dos sons por meio de palavras chama-se onomatopeia.

Produza um texto

1. No caderno reconte o que você entendeu da história lida. Dê um título. Lembre-se de usar a pontuação. Se precisar, peça ajuda.

2. Escreva um diálogo entre pessoas. Lembre-se de usar travessões.

BRINCANDO COM AS PALAVRAS

RODA DE CONVERSA

Quadras, quadrinhas... Você conhece algumas quadras populares? Você lembra da sua infância? Costumava recitar?

> Quadras são pequenos poemas de quatro versos.

Quer saber o meu nome
Dê uma volta no jardim
O meu nome está escrito
Numa folha de jasmim.

Domínio público.

Não digas mal de ninguém
Que é de ti que dizes mal.
Quando dizes mal de alguém
Tudo no mundo é igual.

Fernando Pessoa. **Obra Poética** VI. Porto Alegre: L&PM. 2008.

Observe as quadrinhas:

A quadrinha é um texto composto por quantos versos? _____

As palavras que terminam com o mesmo som apresentam rimas. Pinte da mesma cor as palavras que terminam com o mesmo som.

Jardim   ninguém   mal   jasmim   alguém   igual

Rima é a repetição de um som ao final de dois ou mais versos.

Na segunda quadrinha o primeiro verso rima com o terceiro. O segundo rima com o _____ verso.

Leia a quadra abaixo, desembaralhe as letras e descubra como formar a palavra que completa o verso.

Da laranja quero um gomo

Do limão quero um   Ç O D A P E

Da menina mais bonita

Quero um beijo e um   B R A Ç O A

Trabalhando com palavras, letras e sílabas

1. Copie das quadrinhas as palavras que começam com **QU** e **GU**.

_____

Produza um texto

Agora é a sua vez. Acorde a criança que há dentro de você. Procure lembrar-se de outras quadrinhas de seu tempo de infância. Copie no caderno essa quadrinha e, na sala de aula, declame para os colegas.

> Lembre-se: decore a quadrinha que você pretende declamar; ensaie, combine gestos e palavras ao declamar; use um tom de voz que possa ser ouvido pelos colegas.

A FUNÇÃO SOCIAL DOS NÚMEROS

Complete com números de acordo com a função que eles exercem em cada uma das situações.

> Os números exercem diferentes funções no nosso dia a dia e nem sempre estão relacionados à ideia de quantidade.

1. Registrar quantidades:

a) Número de alunos de sua classe: _____

b) Número de estados do Brasil: _____

Letramento e alfabetização e alfabetização matemática

c) Número de habitantes do município que você mora.

_____

2. Registrar valores:

   a) Preço de um litro de leite: _____

   b) Valor da última conta de luz de sua residência: _____

3. Registrar medidas:

   a) Distância do percurso de sua casa até a escola: _____

   b) A média mensal do volume de água gasto em sua residência:

   _____

4. Indicar localização:

   Número de sua residência: _____ e

   o CEP (código de endereçamento postal): _____

   _____

5. Indicar identificação. Número de sua carteira de identidade:

   _____

6. Indicar organização. O lugar que você ocupa na lista de chamada:

   _____

7. Indicar codificação:

   a) Número de seu telefone:

   _____

   b) Número de uma placa de automóvel:

   _____

OS NÚMEROS DECIMAIS NA REPRESENTAÇÃO DAS MEDIDAS DE COMPRIMENTO

Você, provavelmente, já deve ter percebido que quando vamos representar a altura de uma pessoa, o seu peso ou o preço de determinados produtos utilizamos números com vírgula. Esses números são chamados de **números decimais**.

Vamos tomar como exemplo a altura de uma pessoa com medida equivalente a "um metro e setenta centímetros". Acompanhe:

Vírgula   Abreviatura
1 , 70 m
Inteiro   parte fracionária

Medição da altura de uma pessoa.

Perceba que na representação da altura de 1,70 m

- o número 1 (um) significa um metro;
- o número 70 significa setenta centímetros, isto é, setenta partes das 100 em que o metro foi dividido;

ABC +123 *Letramento e alfabetização e alfabetização matemática*

- a vírgula tem a função de separar a quantia inteira de metros da parte fracionária;
- a letra **m** significa que estamos utilizando o metro como unidade de medida.

Agora, escreva a medida de sua altura _____ .

Reúna-se com seus colegas e forme uma equipe de até três elementos, para realizar uma pesquisa sobre a altura dos alunos de sua turma. Para realizar essa tarefa, peça ao professor uma lista com o nome de todos os alunos da sua sala, conforme o modelo a seguir.

Tabela de altura		
Data da pesquisa: _____		
Turma: _____		
Nº	Nome do aluno	altura (em metros)
1		

Junto com seu professor você irá confeccionar um "metro". Esse "metro" deve ser dividido em dez partes iguais, ou seja, em dez decímetros.

De posse da lista e do "metro", a equipe deverá medir a altura dos alunos de sua equipe e, em seguida, anotar na lista de nomes na coluna correspondente.

Observe os dados de sua lista e responda aos seguintes questionamentos.

1. Dos alunos de sua turma:

   a) Qual foi a menor altura observada? _____

   b) E a maior? _____

   c) Qual é a diferença? _____

2. Na faixa de 1,50 m a 1,60 m:

   a) Há mais homens ou mulheres? _____

   b) Qual é a diferença? _____

3. Na faixa de 1,60 m a 1,70 m:

   a) Há mais homens ou mulheres? _____

   b) Qual é a diferença? _____

4. Na faixa de 1,70 m a 1,80 m há quantos homens? _____
E quantas mulheres? _____

5. Em que faixa:

   a) As mulheres são a maioria? _____

   b) Os homens são a maioria? _____

6. Você sabe qual é a média de altura dos alunos de sua sala? Reúna-se com os colegas e discuta essa questão.
Agora responda:
Qual é a altura média das mulheres de sua turma? _____

E dos homens? _____

7. A medida da altura do pai de Luísa é 1,80 m. Qual é a medida da altura de Luísa, sabendo-se que ela mede exatamente a metade da medida da altura de seu pai?

_____

ESTUDANDO O NOSSO CALENDÁRIO

O ser humano sempre se preocupou com a contagem do tempo?

Observe o calendário a seguir. Faça a leitura desse calendário com muita atenção e depois:

- circule o primeiro dia do ano e o último;
- trace um quadrado no dia de hoje e no dia de seu aniversário;
- no calendário, desenhe um triângulo no dia mais importante para você.

Janeiro

Dom	Seg	Ter	Qua	Qui	Sex	Sab
	1	2	3	4	5	
6	7	8	9	10	11	12
13	14	15	16	17	18	19
20	21	22	23	24	25	26
27	28	29	30	31		

Fevereiro

Dom	Seg	Ter	Qua	Qui	Sex	Sab
					1	2
3	4	5	6	7	8	9
10	11	12	13	14	15	16
17	18	19	20	21	22	23
24	25	26	27	28		

Março

Dom	Seg	Ter	Qua	Qui	Sex	Sab
					1	2
3	4	5	6	7	8	9
10	11	12	13	14	15	16
17	18	19	20	21	22	23
24	25	26	27	28	29	30
31						

Abril

Dom	Seg	Ter	Qua	Qui	Sex	Sab
	1	2	3	4	5	6
7	8	9	10	11	12	13
14	15	16	17	18	19	20
21	22	23	24	25	26	27
28	29	30				

Maio

Dom	Seg	Ter	Qua	Qui	Sex	Sab
			1	2	3	4
5	6	7	8	9	10	11
12	13	14	15	16	17	18
19	20	21	22	23	24	25
26	27	28	29	30	31	

Junho

Dom	Seg	Ter	Qua	Qui	Sex	Sab
						1
2	3	4	5	6	7	8
9	10	11	12	13	14	15
16	17	18	19	20	21	22
23	24	25	26	27	28	29
30						

Julho

Dom	Seg	Ter	Qua	Qui	Sex	Sab
	1	2	3	4	5	6
7	8	9	10	11	12	13
14	15	16	17	18	19	20
21	22	23	24	25	26	27
28	29	30	31			

Agosto

Dom	Seg	Ter	Qua	Qui	Sex	Sab
				1	2	3
4	5	6	7	8	9	10
11	12	13	14	15	16	17
18	19	20	21	22	23	24
25	26	27	28	29	30	31

Setembro

Dom	Seg	Ter	Qua	Qui	Sex	Sab
1	2	3	4	5	6	7
8	9	10	11	12	13	14
15	16	17	18	19	20	21
22	23	24	25	26	27	28
29	30					

Outubro

Dom	Seg	Ter	Qua	Qui	Sex	Sab
		1	2	3	4	5
6	7	8	9	10	11	12
13	14	15	16	17	18	19
20	21	22	23	24	25	26
27	28	29	30	31		

Novembro

Dom	Seg	Ter	Qua	Qui	Sex	Sab
					1	2
3	4	5	6	7	8	9
10	11	12	13	14	15	16
17	18	19	20	21	22	23
24	25	26	27	28	29	30

Dezembro

Dom	Seg	Ter	Qua	Qui	Sex	Sab
1	2	3	4	5	6	7
8	9	10	11	12	13	14
15	16	17	18	19	20	21
22	23	24	25	26	27	28
29	30	31				

© dodo69/Fotolia.com

Pesquise um calendário do ano em que estamos.

Cole-o em seu caderno. Depois, complete a relação abaixo, com as datas referentes aos feriados:

_____ – Confraternização Universal   _____ – Independência do Brasil
_____ – Carnaval   _____ – Nossa Senhora Aparecida
_____ – Paixão de Cristo   _____ – Finados
_____ – Tiradentes   _____ – Proclamação da República
_____ – Dia do Trabalho   _____ – Natal
_____ – Corpus Christi

1. Com base no nosso calendário, responda:

    a) Um ano tem quantos meses? _____

    b) O ano é composto por quantos semestres? _____

    c) Quantos trimestres e quantos bimestres tem um ano? _____

    d) Quantas semanas tem um ano? _____

2. Observe, no calendário, a sequência dos dias dos meses de fevereiro, março e abril e complete as frases:

    a) O mês de fevereiro começa no dia 1º e vai até o dia _____
    Nesse mês há _____ dias.

    b) O mês de março começa no dia 1º e vai até o dia _____
    Nesse mês há _____ dias.

    c) O mês de abril começa no dia 1º e vai até o dia _____
    Nesse mês há _____ dias.

3. Volte ao calendário do seu caderno, do ano de 2023, e responda:

    a) Quantos e quais são os meses que têm 30 dias?
    _____

    b) Quantos e quais são os meses que têm mais que 30 dias?
    _____

c) Qual é o mês que tem menos que 30 dias?

_____

4. Dependendo do ano, o mês de fevereiro poderá ter 28 ou 29 dias. Quando o mês de fevereiro tem 29 dias, dizemos que este ano é bissexto. Isso acontece a cada quatro anos.

a) Sabendo que o ano de 2004 é bissexto, então marque com um "x" os anos bissextos na sequência numérica apresentada. A seguir escreva, por extenso, esses números.

2007	2008	2009	2010	2011	2012	2013	2014	2015	2016	2017	2018

2008 – dois mil e oito

_____

_____

5. Complete o quadro com os dias referentes ao mês corrente. Escreva em vermelho os domingos e feriados.

Mês de _____ do ano de _____						
Domingo	Segunda	Terça	Quarta	Quinta	Sexta	Sábado

a) Conte e responda:

• O mês desse calendário tem quantos dias?

- Quantos domingos e quantos feriados há nesse mês?

_____

- Escreva na ordem crescente os números que representam os domingos e, na ordem decrescente, os que representam os últimos dias de cada uma das semanas deste calendário.

> **Lembrete:**
> Ordem crescente: do menor para o maior.
> Ordem decrescente: do maior para o menor.

_____

_____

- O primeiro dia do mês cai em que dia da semana? E o último?

_____

- Uma semana tem quantos dias?

_____

- Qual é o primeiro dia da semana?

_____

6. No nosso calendário, além dos feriados nacionais, são previstas algumas datas muito especiais. Em que data se comemora o dia:

a) das mães: _____   d) dos pais: _____

b) dos professores: _____   e) dos namorados: _____

c) do idoso: _____   f) da consciência negra: _____

7. Para você há outra data em especial? Qual?

_____

Qual é o seu significado?

_____

RESOLVENDO PROBLEMAS DO COTIDIANO

Leia com muita atenção os problemas apresentados e, em seguida, tente resolvê-los. Não se esqueça de registrar o caminho que você escolheu para solucionar cada uma dessas situações.

Você pode utilizar a calculadora para conferir seus cálculos.

Observe, na ilustração a seguir, as teclas da calculadora e verifique que funções elas desenpenham.

Tecla para ligar a calculadora.
Tecla para desligar a calculadora.
Teclas para registrar os números.
Teclas para efetuar os cálculos.
Tecla para obter o resultado de um cálculo.

© badahos/Fotolia.com

Agora, com uma calculadora em mãos, acompanhe a verificação do cálculo da adição 23 + 18.

Procedimento:

1.º **passo**: digitar o número 23: digite as teclas correspondentes ao algarismo 2 e, em seguida, a do algarismo 3.

2.º **passo**: digitar o sinal da operação: como a operação é de adição, digite o sinal de mais (+).

3.º **passo**: digitar o número 18: digite as teclas correspondentes ao algarismo 1 e, em seguida, a do algarismo 8.

4.º **passo**: digitar o sinal de igual (=).

Verifique se você digitou corretamente a sequência:

| 2 | 3 | + | 1 | 8 | = |

Que número você observa no visor da calculadora, após digitar essa sequência?

Se você encontrou o número 41, a sua adição está correta.

Reúna-se com os colegas e faça a verificação das operações utilizadas na resolução dos problemas apresentados. Peça auxílio ao professor, se necessário.

IDEIAS DAS OPERAÇÕES

As situações-problema apresentadas a seguir deverão ser resolvidas no caderno.

1. Lia organizou uma festa em sua escola para comemorar o dia dos professores.

   Para esse evento ela conta com a participação dos 23 colegas de turma e dos 18 convidados. Quantas pessoas devem participar dessa festa?

2. A festa será realizada numa sala que dispõe de 18 cadeiras. Quantas cadeiras a mais devem ser colocadas nesse local para acomodar 30 pessoas sentadas?

3. Conte quantas cadeiras há na sala.

   Se a festa fosse realizada nessa sala, quantas cadeiras a mais deveriam ser colocadas para acomodar 41 pessoas?

4. Das 37 pessoas que participavam da festa, 26 delas permaneceram sentadas durante as apresentações e as demais estavam em pé. Quantas pessoas estavam em pé?

5. Neste salão, as 18 cadeiras estão organizadas conforme mostra a figura abaixo.

Para acomodar 30 pessoas sentadas, quantas fileiras de 6 cadeiras estão faltando?

6. Imagine um salão com 8 fileiras contendo 5 cadeiras em cada uma. Quantas cadeiras há nesse salão? Você pode fazer um desenho no caderno para representar essa situação.

7. Um salão tem 20 cadeiras distribuídas em colunas e fileiras. De que forma elas podem ser organizadas?

Converse com seus colegas e procure organizar os dados coletados.

8. No Brasil, as festas juninas ou dos santos populares são comuns em todas as regiões. Durante os festejos acontecem as danças – quadrilha, forró –, os bingos, pula-se a fogueira e celebra-se o casamento caipira. Como em toda festa de casamento, tem-se à disposição bebidas e comidas típicas de cada região.

- Converse com os colegas sobre as festas juninas que acontecem na sua localidade. Durante a discussão procurem levantar alguns pontos, tais como: comidas e bebidas típicas, apresentações culturais, o problema dos fogos de artifício, entre outros. Conversem também sobre a importância dessas festas na sua região.

- O quadro a seguir mostra o tipo e a quantidade de alguns doces e salgados, colocados à venda nas barracas da festa junina de uma escola.

Doces	Quantidade	Salgados	Quantidade
Pamonha	3 centos	Cuscuz em fatias	25
Bolo de Fubá em fatias	2 centos	Pastel	40
Maçã do amor	1 cento e meio	Coxinha	35

Analise os dados do quadro e responda:

a) Na festa foi servido quantas unidades de:

- Pamonha: _____
- Bolo de fubá: _____
- Maçã do amor: _____
- Quantos doces no total: _____

b) Complete com as quantidades indicadas no quadro:

- Fatias de cuscuz: _____
- Pastéis: _____
- Coxinhas _____

- Quantos salgados no total? _____

c) Havia mais fatias de cuscuz ou coxinhas? _____

De quanto é a diferença? _____

d) Qual foi o salgado em maior quantidade? _____

- E o salgado em menor quantidade? _____

- De quanto é a diferença? _____

9. Os dados da tabela, referentes às quantidades de doces e salgados, podem ser registrados em gráficos. Com ajuda de seus colegas e do professor, complete o gráfico abaixo.

Quantidade e tipo de doces oferecidos na festa junina

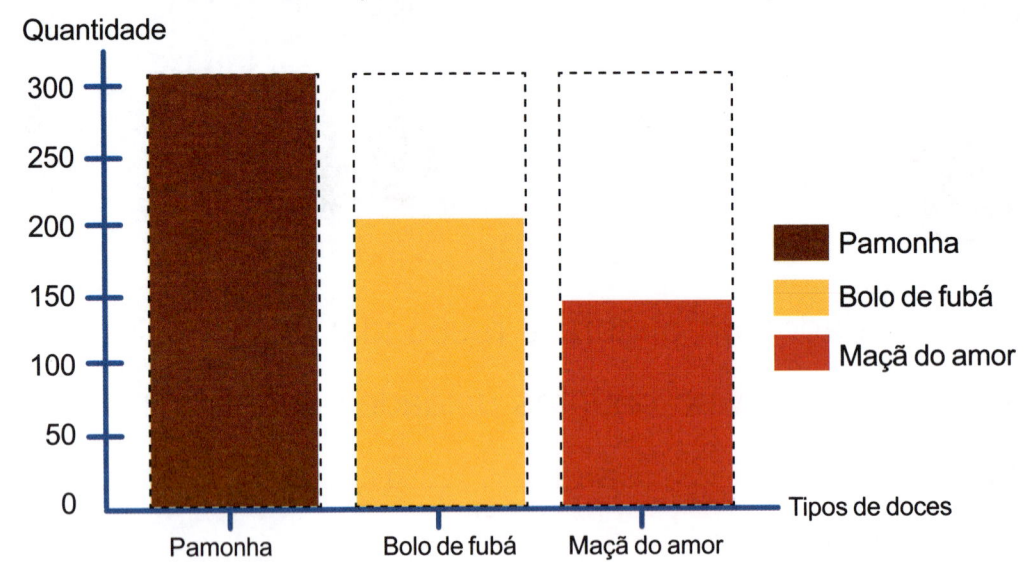

10. Observe o gráfico que representa a quantidade de salgados

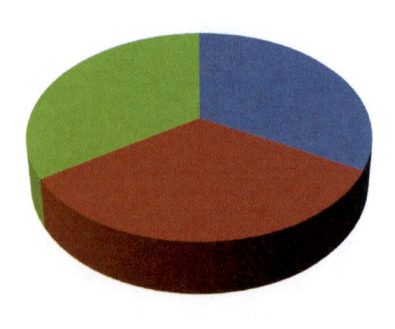

Complete com o tipo de salgado que está representado no gráfico pelas cores:

a) Verde: _____

b) Marrom: _____

c) Azul: _____

A VIDA, O ESPAÇO E O TEMPO

RODA DE CONVERSA

O poema "Janela sobre o tempo" foi extraído do livro de ficção escrito por Eduardo Galeano, escritor uruguaio, com gravuras de José Francisco Borges, brasileiro nascido em Bezerros, em Pernambuco, no nordeste do Brasil. Nele, o autor relaciona os meses do ano com as atividades desenvolvidas em Cajamarca. Qual é a relação entre o título e o tema do poema?

LEITURA COMPARTILHADA

JANELA SOBRE O TEMPO

EM CAJAMARCA, JANEIRO É TEMPO DE TECER.

EM FEVEREIRO, APARECEM AS FLORES DELICADAS E AS FAIXAS COLORIDAS. OS RIOS ECOAM, HÁ CARNAVAL.

EM MARÇO, OCORRE A PARIÇÃO DAS VACAS E DAS BATATAS.

EM ABRIL, TEMPO DE SILÊNCIO, CRESCEM OS GRÃOS DE MILHO.

EM MAIO, É TEMPO DE COLHEITA.

NOS SECOS DIAS DE JUNHO, A TERRA NOVA É PREPARADA.

HÁ FESTA EM JULHO, E HÁ CASAMENTOS, E OS ABROLHOS DO DIABO APARECEM NOS SULCOS.

AGOSTO, CÉU VERMELHO, É TEMPO DE VENTOS E DE PESTES.

COM LUA MADURA, NÃO A LUA VERDE, SEMEIA-SE EM SETEMBRO.

OUTUBRO SUPLICA A DEUS QUE SOLTE AS CHUVAS.

EM NOVEMBRO, OS MORTOS MANDAM.

EM DEZEMBRO, A VIDA É CELEBRADA.

GALEANO, Eduardo. **As palavras andantes**. Tradução de Eric Nepomuceno. Porto Alegre: L&PM, 1994. p. 32.

CAJAMARCA

> **GLOSSÁRIO**
>
> **Cajamarca** – cidade localizada ao norte dos Andes, no Peru. Originou-se há, aproximadamente, três mil anos. Foi declarada como Patrimônio Histórico e Cultural das Américas pela Organização dos Estados Americanos.
>
> **Parição** – ato de parir, referente a animais.
>
> **Abrolhos-do-diabo** – plantas de fruto espinhoso.

BIOGRAFIA

Eduardo Galeano, jornalista e escritor latino-americano, nasceu na cidade de Montevidéu no dia 3 de setembro de 1940 e faleceu em 13 de abril de 2015, na mesma cidade. Em um de seus livros, *As Veias Abertas da América Latina*, narra a terrível exploração que atingiu duramente os países latino-americanos, e provocou a extinção de vários povos, deixando dolorosas cicatrizes e sequelas que rasgam de ponta a ponta a região latino-americana.

Eduardo Galeano.

Compreensão do texto (oral)

1. Quem é o autor? Qual é o título do poema?
2. O que caracteriza sua obra?
3. Cajamarca é um local real ou criado pelo autor?
4. O que ele quer dizer com janela sobre o tempo?
5. Pelas atividades desenvolvidas em Cajamarca, podemos entender que elas são rurais ou urbanas?
6. Que informações você encontra no glossário sobre a origem e a localização de Cajamarca?
7. O que se planta em Cajamarca?
8. O que acontece nos meses de abril e maio? Dê sua opinião sobre a importância desses fatos para a vida dos habitantes da cidade?
9. O que é celebrado em dezembro? A que festa religiosa esse fato se relaciona?

Trabalhando com palavras, sílabas e letras

1. Complete o quadro relacionando o nome dos meses e o que acontece em Cajamarca, conforme descreve o autor.

Mês do ano	Atividades desenvolvidas em Cajamarca
Abril	
Maio	
Junho	
Setembro	
Dezembro	

Letramento e alfabetização e alfabetização matemática

2. Com o professor e os colegas discutam e pesquisem sobre as atividades principais desenvolvidas em sua cidade. Lembrem-se: alguns municípios têm como atividade principal a agricultura e a pecuária; outros, a indústria, e alguns municípios têm diversas atividades econômicas. Pesquise, procure saber qual é a base da economia de sua cidade. Depois, construam coletivamente um relato sobre o assunto e copie o texto numa folha de papel.

> Relato é uma exposição, oral ou escrita, em que se expõem os resultados de uma pesquisa, de um estudo. Os dados devem ser apresentados de forma bem organizada.

3. Observe como se escreve o nome da cidade de que trata o texto.

CAJAMARCA

| CA | JA | MAR | CA |

| C | A | J | A | M | A | R | C | A |

Quantas sílabas? _____

Quantas letras em cada sílaba:

1ª sílaba: ☐   3ª sílaba: ☐

2ª sílaba: ☐   4ª sílaba: ☐

- Encontre no nome da cidade três outras palavras. Registre-as.

_____ , _____ e _____ .

- Usando algumas das letras que compõem essa palavra, você pode formar outras palavras. Quais? É só desembaralhar as letras.

A J A C   ☐☐☐☐

C A A M　☐☐☐

M A A C　☐☐☐

- Se tirarmos o R da palavra MARCA, como fica?

M A R C A

☐☐☐☐

4. Destaque as palavras que estão no caça-palavras: CAJAMARCA, ABRIL, MARÇO, JUNHO, JULHO e JANEIRO. Copie-as ao lado.

C	A	J	A	M	A	R	C	A
H	T	A	B	C	D	E	F	B
J	U	N	H	O	K	R	T	R
V	S	E	H	H	M	M	J	I
T	X	I	J	U	L	H	O	L
M	A	R	Ç	O	N	N	X	O
E	S	O	I	W	M	X	Y	X

5. Escreva aqui os meses do ano que não têm a letra R.

_____

_____

6. Procure no texto os nomes dos meses que terminam com o mesmo som.

_____

_____

7. Leia o texto e responda:

- Em que mês crescem os grãos de milho?

_____

- Em maio, é tempo de

_____

- "Em novembro, os mortos mandam." Em sua opinião, existe uma relação entre o que diz o verso e o que se celebra no dia 2 de novembro em nossa sociedade? Por quê?

_____

_____

- Qual é a relação entre o significado do verso "Em dezembro, a vida é celebrada" com a celebração do dia 25 de dezembro, feriado religioso cristão, em que se comemora o Natal?

_____

_____

8. Descubra e circule o que as palavras abaixo têm em comum com a palavra **DEZEMBRO**.

ABRIL   SETEMBRO   OUTUBRO

NOVEMBRO   CELEBRADA   ABROLHOS

Produza um texto

No caderno, escreva um texto narrando como você imagina que é Cajamarca. Pense. Como é a cidade, grande ou pequena? Como e do que vivem seus habitantes? Que atividades desenvolvem?

> Narração, neste caso, não é uma história, é uma exposição feita através de um relato.

Reúna-se com colegas e comparem suas interpretações. Houve alguma coincidência? Discutam as semelhanças e diferenças e apresentem oralmente aos demais colegas as conclusões a que vocês chegaram.

QUANTO TEMPO O TEMPO TEM?

LEITURA

Leia o trava-língua:

> Os trava-línguas fazem parte das manifestações orais da cultura popular, são elementos do nosso folclore, como as lendas, os acalantos, as parlendas, as adivinhas e os contos. O que faz as pessoas os repetirem é o desafio de reproduzi-los sem errar.

"O TEMPO PERGUNTOU PARA O TEMPO

QUAL É O TEMPO QUE O TEMPO TEM.

O TEMPO RESPONDEU PRO TEMPO

QUE NÃO TEM TEMPO DE DIZER PRO TEMPO

QUE O TEMPO DO TEMPO É O TEMPO QUE O TEMPO TEM."

Compreensão do texto

1. Conseguiu repetir o trava-línguas rapidamente sem errar?
2. Como você distribui o seu tempo diário?

Manhã	Tarde

3. Em que situações você sente o tempo passar?

_____

_____

4. Faça a relação do significado da palavra **tempo** nas frases.

a) O tempo melhorou, a chuva passou.

b) É tempo de colher o trigo nos campos.

c) Pelé fez um gol no primeiro tempo.

( ) Estado meteorológico da atmosfera.

( ) Cada um dos períodos em que se divide uma partida de futebol.

( ) Ocasião própria para uma determinada ação.

5. Pesquise outro trava-língua, copie-o, traga para a sala de aula e desafie seus colegas. Façam uma competição para escolher quem melhor repete, sem erros, os trava-línguas.

AS MEDIDAS DE TEMPO: HORA, MINUTO E SEGUNDO

LEITURA

Você, certamente, sabe medir tempo. Tem o seu próprio jeito não só para medir, mas para controlar o tempo em todas as atividades que desenvolve diariamente.

Uma das unidades que utilizamos para medir o tempo é a hora. A hora é formada por sessenta minutos e cada minuto é formado por 60 segundos. Observe a seguir como representamos a hora e as frações de hora.

Uma hora ⟶ 1h
Um minuto ⟶ 1min
Um segundo ⟶ 1s

Dessa forma, para representar o tempo de uma hora, vinte minutos e 15 segundos, escrevemos:

1h 20min 15s

O instrumento utilizado para medir o tempo é o relógio.

Você sabia que o relógio é uma das mais antigas invenções da humanidade?

Para medir o tempo, os homens inventaram ao longo da história vários tipos de relógios: os relógios de água, de areia, de sol, de ponteiros e os atuais relógios digitais.

A ilustração mostra exemplos de relógios de sol. Observe que as horas são escritas na numeração romana.

Relógio de sol de parede em Saint Rémy de Provence. (França).

Relógio de sol em Tarragona. (Espanha).

No Brasil, temos também relógios de Sol. Veja:

- Relógio de Sol em Natal, Rio Grande do Norte.

Relógio de sol, Natal. (RN).

Letramento e alfabetização e alfabetização matemática

SABER MAIS

O relógio digital utiliza energia elétrica, que é normalmente suprida por uma bateria de pequena carga. Relógios digitais são pequenos, baratos e precisos. Por isso, são encontrados associados a praticamente todos os aparelhos eletrônicos, como aparelhos de som, televisores, micro-ondas e celular.

Fonte: Wikipédia. Disponível em: <pt.wikipedia.org/wiki/relogio_digital>.

No lugar onde você mora há algum relógio de Sol? Converse com seus colegas e professor e procure saber como é o funcionamento desse instrumento que serve para medir o tempo.

Atualmente temos relógios digitais de pulso, parede, despertadores, relógio que compõem painéis em carros, fogões, telas de computador ou utilizados em vias públicas, dentre outros.

Relógio digital em uma via pública.

A figura acima mostra a utilização de um relógio digital em uma via pública.

1. Abaixo, alguns modelos de relógios utilizados atualmente. Escreva a hora indicada nos relógios nos espaços abaixo.

❶   ❷   ❸

2. Pense e responda:

- Um bolo que assa em 30 minutos, se for colocado ao forno às 13h15min, estará pronto para desenformar a que horas?

_____

- Na minha escola, as aulas têm início às 17h10min e término às 22h30min. De quantas horas é o período de aula dessa escola?

_____

SAIBA MAIS

As tabelas mostram a forma usual da leitura das horas antes e depois do meio-dia.

	antes do meio-dia	depois do meio-dia
	0h	12h
	1h	13h
	2h	14h
	3h	15h
	4h	16h
	5h	17h

	antes do meio-dia	depois do meio-dia
	6h	18h
	7h	19h
	8h	20h
	9h	21h
	10h	22h
	11h	23h

Letramento e alfabetização e alfabetização matemática

MARCAS DO TEMPO QUE RESUMEM A VIDA

LEITURA DE UM RESUMO

As marcas do tempo são importantes, pois elas são o registro da história de vida de cada um. Sobre isso existe uma história muito interessante escrita por Eduardo Galeano, chamada "A pedra arde". Você considera importante que cada um valorize sua história de vida?

O que representam as experiências acumuladas na nossa existência?

EIS UM RESUMO DA HISTÓRIA:

NUM POVOADO, VIVIA UM VELHO SOZINHO QUE ANDAVA CURVADO, MANCAVA DE UMA PERNA, TINHA UMA GRANDE CICATRIZ NA FACE E LHE FALTAVAM ALGUNS DENTES.

UM MENINO CHAMADO CARASSUJA, AO FURTAR FRUTAS DO POMAR, MACHUCOU-SE E FOI ATENDIDO PELO VELHO.

POUCOS DIAS DEPOIS, CARASSUJA, PERDIDO NO BOSQUE ENCONTROU UMA GRANDE PEDRA BRILHANTE NA QUAL ESTAVA ESCRITO: JOVEM SERÁS, SE ÉS VELHINHO, QUEBRANDO-ME EM PEDACINHOS.

LEMBROU-SE DO VELHO GUARDADOR DE POMARES, IMAGINANDO QUE ELE PODERIA SE LIVRAR DE TODOS OS PROBLEMAS. PROCUROU-O, LEVOU-O ATÉ A PEDRA MÁGICA E INSISTIU PARA QUE O VELHO QUEBRASSE A PEDRA. PORÉM VEJAM O QUE ACONTECEU...

> O gênero resumo é uma apresentação abreviada de um texto ou conteúdo de livro, peça teatral, etc. Apresentado de forma concisa e coerente, mantendo-se o tipo textual principal, tem a finalidade de transmitir uma ideia geral da obra.

Leitura de fragmento de um romance

PARTE DO TEXTO: A PEDRA ARDE

[...] — Eu sei o que você pensa e quero explicar. Sou velho, embora menos velho do que você acha, sou manco e estou desfigurado. Eu sei. Mas não pense que sou tonto, Carassuja. Eu não sou tonto.

E, pela primeira vez, em tantos anos, o velho contou sua história.

— Estes dentes não caíram sozinhos. Foram arrancados à força.

Esta cicatriz que marca meu rosto não vem de um acidente. Os pulmões... a perna. [...] Quebrei a perna quando escapei da prisão ao saltar um muro alto.

Há outras marcas mais, que você não pode ver. Marcas visíveis no corpo e outras que ninguém pode ver.

Os clarões da pedra ardente iluminavam o rosto do velho, lançando brilho de faíscas em seus olhos.

— Se quebro a pedra, estas marcas somem. E elas são meus documentos, compreendes?

— Meus documentos de identidade. Olho-me no espelho e digo. "Esse sou eu, e não sinto pena de mim". Lutei muito tempo. A luta pela liberdade é uma luta que nunca acaba. Ainda agora, há outras pessoas, lá longe, lutando como eu lutei.

Mas minha terra e minha gente ainda não são livres, e eu não quero esquecer.

Se quebro a pedra, cometo uma traição, compreendes?

GALEANO, Eduardo. **A pedra arde**. São Paulo: Loyola, 1989.

O romance é um gênero do modo narrativo, um dos gêneros mais conhecidos da literatura. É escrito em prosa, mais ou menos longo. Nele os fatos narrados são imaginários ou, às vezes, inspirados em histórias reais. No romance A pedra arde, o centro de interesse está nos costumes, no comportamento, interesses e atitudes de pessoas de um período histórico.

Compreensão do texto

1. Responda com o auxílio do professor: quem é o autor do texto "A pedra Arde" e quem é o narrador?

_____
_____

2. Qual é a intenção do texto?

_____
_____

3. Qual é o gênero dos dois textos?

_____
_____

4. O romance é um gênero do modo narrativo. Qual é o tempo da história narrada no romance?

_____
_____

5. Por que Carassuja quis ajudar o velho?

_____
_____

6. Como o velho conseguiu as marcas visíveis e outras que ninguém pode ver?

_____
_____

7. De que forma ele justificou o fato de não querer quebrar a pedra mágica?

_____
_____

8. Qual é a sua opinião sobre a atitude dos dois personagens do romance?

_____
_____

9. Como você se comportaria se encontrasse uma pedra mágica?

_____
_____

Trabalhando com palavras

1. Leia em voz alta as palavras e preste atenção ao som do **S**.

RESUMO CARASSUJA SOZINHO

PRISÃO QUEBRASSE SERÁS

SOMEM VISÍVEIS

2. Separe as palavras em que a letra **S** tem o mesmo som, seguindo o padrão dos exemplos a seguir:

Brasil	Pessoa	Saltar

3. Complete o quadro acima com outras palavras que você conhece.

4. Leia em voz alta a frase seguinte, prestando atenção na palavra que apresenta o encontro consonantal **PR**.

> E PELA PRIMEIRA VEZ, EM TANTOS ANOS, O VELHO CONTOU SUA HISTÓRIA.

Vamos marcar no texto conforme o exemplo outras palavras que apresentem encontros consonantais.

> **br** – **br**ilho **vr** – li**vr**es **cl** – **cl**arões **dr** – pe**dr**a
> **pl** – ex**pl**icar **tr** – **tr**aição **pr** – **pr**isão

Leia em voz alta cada uma das palavras e escreva-as completando o quadro seguinte.

B	R					
T	R					
P	R					
C	L					
		D	R			
		V	R			
		P	L			

5. Leia as palavras abaixo, observando o som da letra em destaque: **h**istória, **h**umano.

a) A letra **h**, no início das palavras, não representa som.

6. Leia, em voz alta, as seguintes palavras e observe as letras que vem antes da letra **H**.

VE**LH**O SOZI**NH**O **CH**AMADO MA**CH**UCAR

PEDACI**NH**OS BRI**LH**ANTE

Você percebeu que cada um desses pares de letras representa um som.

Acrescente a letra **H** após as letras **C**, **N** e **L** e forme outras palavras.

Bic ____ o   Bol ____ a

Fic ____ a   Vel ____ a

Mal ____ a   Son ____ o

As palavras "velho" e "jovem" expressam ideias contrárias. Faça a correspondência da palavra da 1.ª coluna com a palavra contrária da 2.ª coluna.

( ) alto   ( ) baixo

( ) visíveis   ( ) pouco

( ) longe   ( ) perto

( ) muito   ( ) invisíveis

Produza um texto

Com um colega, reflitam sobre: Na vida, o tempo deixa marcas? Narrem uma história de vida real ou imaginária em que as marcas do tempo ficaram evidentes. Façam o registro no caderno.

> Lembrem-se:
> Narração é uma sequência de ações, de acontecimentos reais ou imaginários vividos pelos personagens, localizados no tempo e no espaço que constituem o significado do texto.

Trabalhando em grupo

Discutam com os colegas e professor sobre a importância atribuída às experiências vividas na escola. Conversem sobre as vivências comuns ao grupo.

Organizem uma conversa sobre as experiências mais curiosas levantadas pelo grupo.

> A conversa ou conversação é troca de palavras, de ideias entre pessoas sobre um assunto vago ou específico, podendo ser formal ou informal. Esse gênero discursivo, no qual se pressupõe o mesmo direito de todos os participantes à palavra, é presencial, se dá face a face, isto é, acontece no mesmo espaço e ao mesmo tempo.

Ao final da conversa, avalie a atividade:
- Houve um planejamento da atividade?
- Todos os colegas participaram?
- A conversa versou sobre o assunto proposto? Tudo transcorreu em harmonia?
- Houve uma conclusão do assunto?
- Você participou da conversa?

Anote, de forma resumida, uma das ideias discutidas pelo grupo e justifique por que você a escolheu.

_____
_____
_____
_____
_____
_____
_____
_____

Letramento e alfabetização e alfabetização matemática

A CONSTRUÇÃO DA HISTÓRIA NO TEMPO

RODA DE CONVERSA

A vida e a dedicação do educador Paulo Freire à educação dos brasileiros expressam uma contribuição sólida de valores e ações. Vocês já ouviram falar desse educador? Conhecem algumas de suas obras?

LEITURA

Leia com a mediação do professor a trajetória contemporânea, construída pelo educador em prol da educação de jovens e adultos em busca da igualdade social.

Uma história de vida... No livro "Crônicas de Minha vida" Paulo Freire descreve sua infância, a abertura e o amor que recebia em casa e a dificuldade da sobrevivência com um mínimo de condições financeiras. Quando relembra a trajetória vivida diz:

> "Eu aprendi o amor e a tolerância com meus pais".
>
> "Eu aprendi a ler na sombra da mangueira no quintal de casa, meus pais, sobretudo minha mãe; ela pegava os pequenos gravetos, e escrevia palavras, escrevia frases de minha vida cotidiana, daquilo que eu estava presenciando, que eu estava vivendo".
>
> "Tive três exílios que me fizeram sofrer, o exílio de sair do útero de minha mãe, o exílio de ter ido para Jaboatão e o exílio político que me fez ficar dezesseis anos fora do País."

Estas citações também se encontram em texto elaborado a partir da palestra "Vida e obra de Paulo Freire", proferida por sua esposa

Ana Maria Araújo Freire, no I Encontro Nacional de Educação de Jovens e Adultos – ENEJA em 25 de abril de 1998, Recife/PE.

Depoimento de Paulo Freire, após seu retorno ao Brasil, depois de dezesseis anos de exílio, em conversa com Frei Beto. Extraído do livro "Essa escola chamada vida". (p.p 56-58).

"Para mim, o exílio foi profundamente pedagógico. Quando exilado, tomei distância do Brasil, comecei a compreender-me e a compreendê-lo melhor. Foi exatamente ficando longe dele, preocupado com ele, que me perguntei sobre ele, me perguntei sobre o que fizeram com outros brasileiros, milhares de brasileiros da geração jovem e da minha geração. Foi tomando distância do que fiz, ao assumir o contexto provisório, que pude melhor compreender o que fiz e pude melhor me preparar para continuar fazendo algo fora do meu contexto e também me preparar para uma eventual volta ao Brasil".

FREIRE, Paulo. **Esta escola chamada vida.** São Paulo. Ática, 1985, p.56.

"Eu gostaria de ser lembrado como alguém que amou o mundo, as pessoas, os bichos, as árvores, a terra, a água, a vida."

FREIRE, Paulo. **Pedagogia da tolerância.** São Paulo. Editora UNESP, 2006, p.329.

Compreensão do texto

- A primeira citação indica valores aprendidos: _____ e _____

- Na segunda citação o autor refere-se a forma como ele aprendeu a _____ e _____

Citação – menção de uma informação extraída de uma fonte: livros, periódicos, *sites*, vídeos. Sua função é oferecer ao leitor o respaldo necessário para comprovar a veracidade das informações e possibilitar o seu aprofundamento.

As palavras e frases eram _____

- Na terceira citação o autor fala do exílio como sofrimento. Qual o significado da palavra exílio? E exílio político?
  _____
  _____

- Por que usamos aspas nas citações?
  _____
  _____

- Relate algumas lembranças da sua história de vida. Como você é o redator da sua história de vida não precisa usar aspas.
  _____
  _____
  _____
  _____
  _____
  _____
  _____
  _____
  _____
  _____

UNIDADE 3
DIFERENTES FORMAS DE SER E VIVER

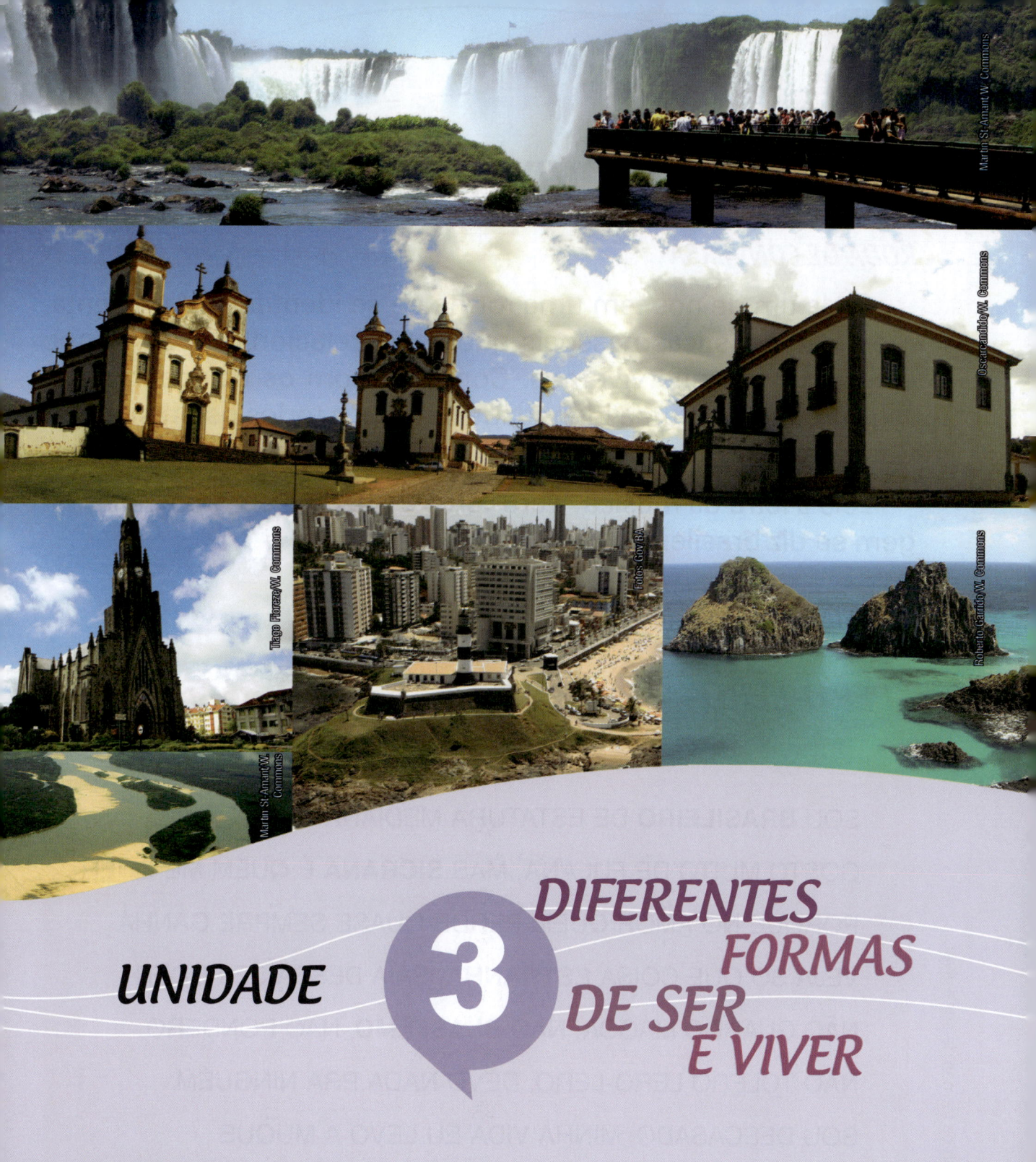

SOMOS ÚNICOS NA DIVERSIDADE. UM POVO FORMADO POR VÁRIAS ETNIAS. FALAMOS UM PORTUGUÊS COM DIFERENTES SOTAQUES REGIONAIS. CONVIVEMOS COM UMA DAS PIORES DISTRIBUIÇÕES DE RENDA DO MUNDO. E NESSE CENÁRIO ESTAMOS NOS FORMANDO DESDE 500 ANOS ATRÁS.

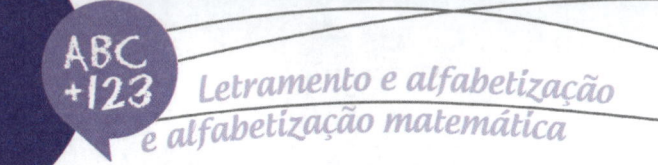

ONDE E COMO VIVEMOS?

RODA DE CONVERSA

Cada um de nós tem uma forma de se identificar. Apresentamos características pessoais que estão relacionadas ao tempo e ao lugar em que vivemos. Converse com os colegas: podemos dizer que há uma identidade comum a todos os brasileiros? Cada um compreende o mundo da sua maneira?

Leia a letra da música "Lero-lero" e observe como o personagem se diz brasileiro.

LEITURA

"LERO-LERO"

SOU **BRASILEIRO** DE ESTATURA MEDIANA

GOSTO MUITO DE FULANA, MAS **SICRANA** É QUEM ME QUER

PORQUE NO AMOR QUEM PERDE QUASE SEMPRE GANHA

VEJA SÓ QUE COISA **ESTRANHA**, SAIA DESSA SE PUDER

NÃO GUARDO MÁGOA, NÃO **BLASFEMO**, NÃO PONDERO

NÃO TOLERO LERO-LERO, DEVO NADA PRA NINGUÉM

SOU DESCASADO, MINHA VIDA EU LEVO A MUQUE

DO BATENTE PRO BATUQUE FAÇO COMO ME CONVÉM

EU SOU POETA E NÃO NEGO A MINHA RAÇA

FAÇO VERSOS POR PIRRAÇA E TAMBÉM POR **PRECISÃO**

DE PÉ **QUEBRADO**, VERSO **BRANCO**, RIMA RICA

NEGACEIO, DOU A DICA, TENHO A MINHA SOLUÇÃO

SOU BRASILEIRO, TATUPEBA TATURANA

BOM DE BOLA, RUIM DE GRANA, TABUADA SEI DE COR

QUATRO VEZ SETE VINTE E OITO NOVE FORA

OU A ONÇA ME DEVORA OU NO FIM VOU RIR MELHOR

NÃO ENTRO EM RIFA, NÃO ADOÇO, NÃO TEMPERO

NÃO REMARCO, MARCO ZERO, SE FALEI NÃO VOLTO ATRÁS

POR ONDE PASSO DEIXO RASTRO, DEIXO FAMA

DESARRUMO TODA A TRAMA, DESACATO SATANÁS

SOU BRASILEIRO DE ESTATURA MEDIANA

GOSTO MUITO DE FULANA, MAS SICRANA É QUEM ME QUER

DIZ UM DITADO NATURAL DA MINHA TERRA

BOM CABRITO É O QUE MAIS BERRA ONDE CANTA O SABIÁ

DESACREDITO NO AZAR DA MINHA SINA

TICO-TICO DE RAPINA, NINGUÉM LEVA O MEU FUBÁ

CACASO (Antonio Carlos Ferreira de Brito). Lero-Lero. In: Lobo, Edu. **Camaleão** Polygram, 1978. 1 LP. Faixa 1.

GLOSSÁRIO

Negacear – atrair; seduzir por meio da dissimulação.
Blasfemar – dizer palavras ofensivas à pessoa ou coisa digna de respeito, praguejar.

Letras de música são geralmente textos curtos, para serem cantados, formados pela relação entre letra e música, são divididos em partes, constituídas por versos e organizados em estrofes.

ABC +123 Letramento e alfabetização e alfabetização matemática

BIOGRAFIA

Antonio Carlos Ferreira de Brito — Cacaso — nasceu em Uberaba — Minas Gerais, em 13 de março de 1944. Grande poeta, ensaísta, letrista, desenhista, principal articulador e teórico da poesia marginal, foi personagem singular numa hora em que a poesia foi eleita como a forma de expressão predileta da geração que experimentou o peso dos anos de chumbo. Faleceu no Rio de Janeiro em 27 de dezembro de 1987.

Compreensão do texto

1. Em sua opinião, qual é a intenção do texto "Lero-Lero"?

( ) divertir, entreter.

( ) informar.

( ) comunicar um fato.

2. O texto está escrito em primeira pessoa (eu). Como é que o personagem do texto se descreve? Escreva três características.

_____

_____

3. Preste atenção na linguagem do texto e responda: é uma linguagem formal ou informal? Copie expressões comuns na nossa conversação.

_____

4. O que ele pensa do amor?

_____

5. Como o personagem diz que leva a vida?

_____

_____

6. Copie o verso em que o personagem afirma que não reconsidera as suas falas anteriores.

_____

_____

7. O ditado popular "o bom cabrito não berra" tem outra versão no texto. Qual é a versão?

_____

_____

8. E para você, o que é ser brasileiro de estatura mediana?

_____

_____

_____

Trabalhando com palavras, letras e sílabas

1. Procure no texto as palavras que rimam com:

mediana _____   ganha _____

pondero _____   raça _____

precisão _____   muque _____

2. Para completar as palavras com as sílabas que faltam, procure no texto as palavras em destaque.

			s	i	l	e	i	r	o
e	s					n	h	a	
q	u	e				d	o		
			c	i	s	ã	o		
b				c	o				
				f	e	m	o		
s	i			n	a				

3. Reescreva os seguintes trechos do texto, trocando as expressões destacadas pelas que estão entre parênteses. Faça as adaptações necessárias.

> Lembre-se: podemos compreender o sentido e o significado atribuído a algumas palavras, lendo o texto ou prestando atenção na fala das pessoas.

a) Não guardo **mágoa**, não **blasfemo**, não **pondero**. (ressentimento, insulto a religião, considero)

Não **tolero lero-lero** devo nada pra ninguém. (suporto falatório)

Sou **descasado**, minha vida levo a **muque**. (separado, à força)

Do **batente** pro **batuque** faço como me convém. (trabalho, reunião festiva).

b) Bom de bola, ruim de grana, tabuada sei de cor (tabela de multiplicação) Quatro vezes sete vinte e oito, nove fora (tira nove).

c) A expressão "Quatro vezes sete vinte oito nove fora" pode ser substituída por 4x7= _____ – 9 = _____

4. Leiam novamente em conjunto a letra da música, prestando atenção às palavras que rimam:

> O autor se refere aos tipos de rima com as quais os poetas fazem versos: pé-quebrado (verso intencionalmente ou acidentalmente irregular na estrutura da estrofe), verso branco (são versos sem rima), rima rica (coincidência de fonemas (sons), geralmente no final de dois versos).

a) copie as palavras do texto que rimam no final dos versos.

_____
_____
_____

b) as rimas que existem no interior dos versos.

_____
_____
_____
_____

5. Organize as palavras abaixo em dois grupos, considerando o uso das letras **M** e **N** no final da primeira sílaba.

TAMBÉM – BRANCO – PONDERO – NINGUÉM – SEMPRE

M	N

6. Observe as palavras extraídas do texto

SOU – SICRANA – ESTRANHA – DESSA

BLASFEMO – SOLUÇÃO – PASSA – VERSO – SABIÁ

- Nestas palavras, o **S** e o **SS** entre vogais têm som igual? Leia em voz alta as palavras e perceba a pronúncia.

- Agora, leia a palavra **brasileiro** e observe que o **S** entre duas vogais tem som de **Z**.

- Circule as letras **S** nas seguintes palavras.

    ESTRANHA – SICRANA – DESACREDITO – PASSA

    GOSTO – BLASFEMO – DESARRUMO – BRASILEIRO

    PRECISÃO – SINA – SOLUÇÃO – DESSA

7. Copie no quadro as palavras de acordo com a posição e o som da letra **S**.

SS entre vogais	S com som de Z	S inicial	S no final da sílaba

Produza um texto

No caderno, escreva um texto, dê sua opinião sobre o que caracteriza o povo brasileiro e se é possível afirmar que existe um padrão de identidade nacional.

Não se esqueça dos argumentos e justifique sua opinião.

Uma fusão de etnias e culturas que já dura meio milênio deu aos brasileiros traços e personalidades próprias. Mas basta olhar mais de perto para perceber que, apesar de tudo, não perdemos contato com as raízes de nossa formação.

RODA DE CONVERSA

"Você é brasileiro?" é um artigo de opinião publicado na Revista Os Caminhos da Terra.

Converse com os colegas: o que é ser brasileiro?

> O artigo de opinião é geralmente publicado num jornal, numa revista, num periódico ou na TV, sobre um fato noticiado ou um tema variado, com o objetivo de apresentar o ponto de vista do autor sobre o assunto, argumentando, defendendo, exemplificando ou justificando posições.

VOCÊ É BRASILEIRO?

A PERGUNTA, CLARO, É UMA PROVOCAÇÃO. SE VOCÊ TEM DÚVIDAS, BASTA DAR UMA OLHADA. MAS AÍ VEM A SEGUNDA PERGUNTA: O QUE É SER BRASILEIRO? SE TAMBÉM AQUI VOCÊ ENCONTROU UMA RESPOSTA FÁCIL, ENTÃO EXIJA LOGO SEU TÍTULO DE DOUTOR EM ANTROPOLOGIA BRASILEIRA, POIS VOCÊ MERECE.

ALGUMAS DAS CABEÇAS MAIS BRILHANTES DO BRASIL, GILBERTO FREYRE E DARCY RIBEIRO, GASTARAM DÉCADAS DE TRABALHO TENTANDO RESOLVER ESSA QUESTÃO. E NÃO CHEGARAM A UMA RESPOSTA DEFINITIVA.

Letramento e alfabetização e alfabetização matemática

DE ALGUMAS COISAS, PORÉM, TEMOS NOÇÕES SUFICIENTES PARA DARMOS PALPITES: SOMOS UM POVO AINDA EM FORMAÇÃO, QUE JUNTA NUM VASTO TERRITÓRIO RAÇAS E CULTURAS DISTINTAS. ALGUMAS DE PRESENÇA MILENAR, COMO AS TRIBOS INDÍGENAS QUE AINDA HOJE FALAM SUAS LÍNGUAS PRIMITIVAS E PRESERVAM BOA PARTE DE SUA CULTURA ORIGINAL. OUTRAS RAÇAS QUE INTEGRAM O MOSAICO BRASILEIRO CHEGARAM HÁ TÃO POUCO TEMPO QUE ATÉ HOJE FALAM AS LÍNGUAS DOS PAÍSES DE ONDE PARTIRAM. ENTRE ESSES DOIS EXTREMOS, HÁ DE SE COLOCAR TUDO O QUE APRENDEMOS NOS BANCOS ESCOLARES SOBRE A COLONIZAÇÃO DO BRASIL, COMEÇANDO PELA CHEGADA DOS PORTUGUESES, PASSANDO PELO TRÁFICO DOS ESCRAVOS AFRICANOS E DANDO UMA RÁPIDA PARADA NAS INVASÕES HOLANDESAS.

O QUE SURGE, NO FINAL, É UMA IMENSA MASSA HUMANA QUE JÁ CHEGA A 160 MILHÕES DE PESSOAS — E QUE COSTUMAMOS CHAMAR DE POVO BRASILEIRO.

ROMANINI, Vinícius. Revista **Os Caminhos da Terra**. 74 ed. ano 7. n. 6. jun. 1998.

GLOSSÁRIO

Antropologia – conjunto de estudos sobre o homem, como ser animal, social e moral.
Primitivas – que foram as primeiras a existir; inicial, original.
Mosaico – obra de artesanato composta de partes visivelmente distintas; miscelânea.
Raça – Grupo de indivíduos cujos caracteres biológicos são constantes e passam de uma a outra geração: raça branca, raça negra, raça amarela, raça vermelha.
Etnia – Grupo de famílias em uma área geográfica variável, cuja unidade repousa na estrutura familiar, econômica e social comum, e na cultura comum.
Massa humana – Ajuntamento de pessoas; população; povo.

SABER MAIS

Segundo o IBGE, o Brasil tem 190.732.694 habitantes. A publicação dos resultados do Censo 2010 traz uma série de dados populacionais por sexo e grupos de idade, média de

> moradores em domicílios particulares ocupados e número de domicílios recenseados, segundo a espécie (ocupados, vagos, fechados, uso ocasional, coletivos) e situação urbana e rural.

Conversem sobre o tema, diga o que você já conhece do assunto.

- O que é um mosaico e por que a composição da população brasileira é comparada a um mosaico?

- O que podemos entender quando o autor diz que somos um povo ainda em formação, que junta, num vasto território, etnias e culturas distintas?

- Atualmente, somos mais 190 milhões habitando o território nacional. O que é ser brasileiro nesse universo de pessoas?

Compreensão do texto

1. Os antropólogos trabalharam durante décadas e a que conclusão eles chegaram sobre o que é ser brasileiro?

_____
_____
_____

2. Que presenças o autor destaca quando afirma que somos um povo ainda em formação?

_____
_____
_____

3. Quantas pessoas compunham a população brasileira quando o texto "Você é brasileiro" foi escrito?

_____

4. E atualmente, qual é a população do Brasil, segundo o censo de 2022 do IBGE?

_____

5. Qual é a intenção do texto "Você é brasileiro"?

_____

_____

6. Quanto à linguagem do texto: é formal ou informal? Está adequada ao público a que se destina?

_____

Trabalhando com palavras, letras e sílabas

1. Observe que algumas palavras têm um acento agudo que indica a sílaba mais forte.

INDÍGENA	LÍNGUA	É
TRÁFEGO	FÁCIL	JÁ
DÉCADAS	PAÍSES	HÁ
DÚVIDAS		PORÉM

Recorte dos jornais outras palavras que têm acento agudo e cole-as no quadro acima.

2. Reescreva as frases mudando a ordem das expressões.

Se você tem dúvidas,	Basta olhar sua certidão.
Temos certeza,	Somos um povo em formação.

3. Procure no dicionário pelo menos dois significados para as palavras.

Branco _____

_____

Massa _____

_____

Língua _____

_____

Produza um texto

No caderno, escreva uma carta a um colega de sala comentando sobre o que você leu e expresse sua opinião sobre o que é ser brasileiro.

Lembre-se: uma carta deve ter local e data, saudação do remetente, assunto, despedida e assinatura do remetente. Como a carta será dirigida a um colega, a linguagem pode ser informal, coloquial. Preencha devidamente o envelope com o nome do destinatário, o endereço completo e os dados referentes ao remetente.

AS FORMAS PLANAS CONSTITUEM MOSAICOS

Juntando figuras simples como quadrados e triângulos e colorindo-as, podemos fazer lindos mosaicos. Veja:

Mas um mosaico também pode ser feito com hexágonos.

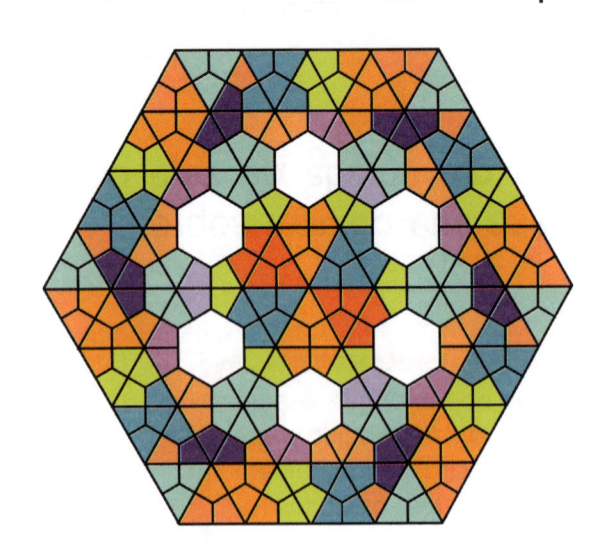

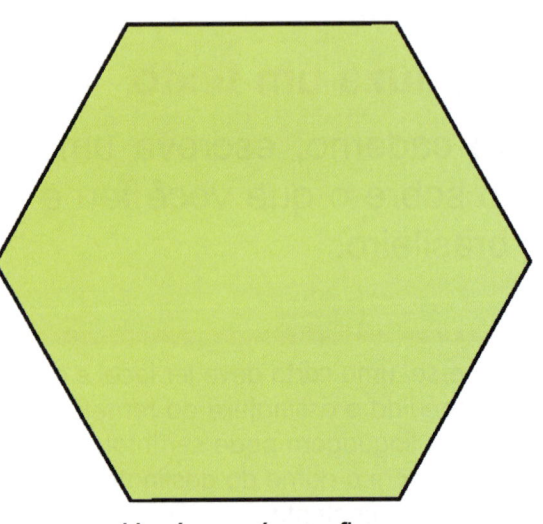

Hexágono é uma figura plana que tem seis lados.

TRABALHO COM FORMAS

1. Agora, complete o que está faltando nos mosaicos a seguir.

a)

b)

2. Nas malhas abaixo, crie os seus mosaicos.

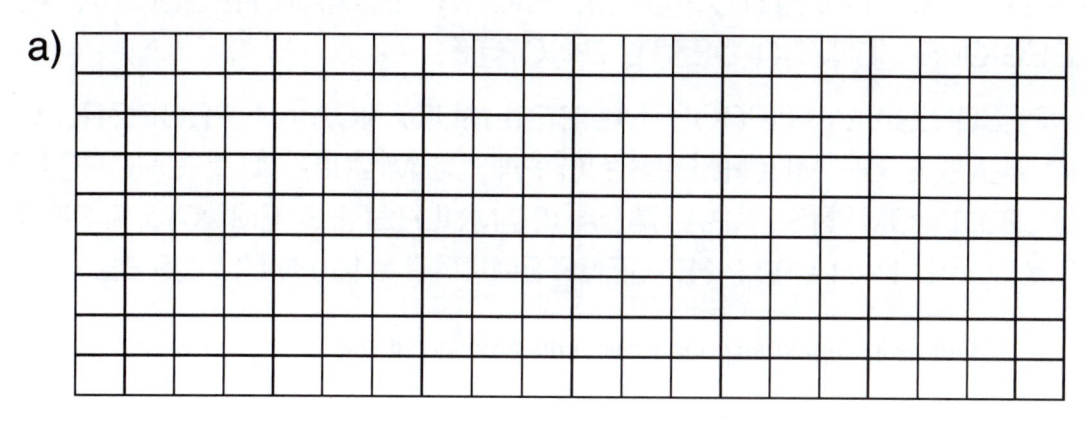

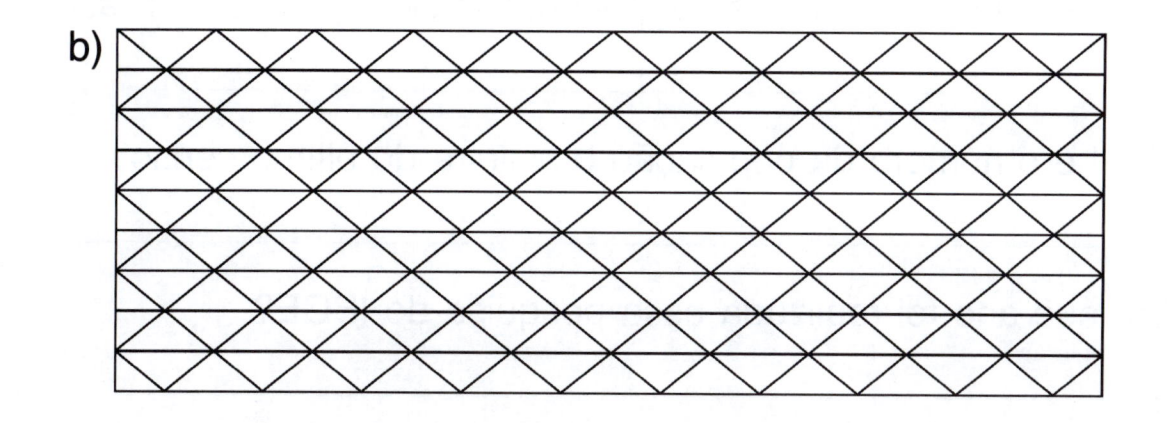

a)

b)

Unidade 3 • Diferentes formas de ser e viver.

A POPULAÇÃO BRASILEIRA E O ESPAÇO GEOGRÁFICO

LEITURA

O texto lido anteriormente nas páginas 137 e 138, escrito em 1998 por Vinícius Romanini, "Você é brasileiro" indicava que o Brasil tinha na época, 160 milhões de habitantes.

E, em 2010, você sabe qual era a população de nosso país? Leia o texto abaixo.

POPULAÇÃO DO BRASIL: CENSO DEMOGRÁFICO 2010/IBGE

CONFORME DADOS DIVULGADOS PELO INSTITUTO BRASILEIRO DE GEOGRAFIA E ESTATÍSTICA (IBGE), CENSO 2010, A POPULAÇÃO DO BRASIL CHEGOU A **190.732.694** DE HABITANTES EM **2010**.

AINDA SEGUNDO O IBGE, ENTRE 2000 E 2010, AS MAIORES TAXAS DE CRESCIMENTO POPULACIONAL FORAM REGISTRADAS NAS REGIÕES CENTRO-OESTE E NORTE.

A PESQUISA VERIFICOU TAMBÉM MUDANÇA NA PROPORÇÃO DE HOMENS E DE MULHERES NO PAÍS. EM 2007, A PROPORÇÃO ERA DE 96,9 HOMENS PARA CADA 100 MULHERES. EM 2010, A PROPORÇÃO CAIU PARA 95,9 HOMENS EM CADA 100 MULHERES.

Outras informações podem ser verificadas no site do IBGE, <www.ibge.gov.br.>

Compreensão do texto

1. Qual é o Instituto responsável pelo censo demográfico no Brasil?

2. Qual é o número da população brasileira do último censo?

3. Em que ano foi realizada essa pesquisa do IBGE?

4. Segundo o IBGE, onde foram observadas as maiores taxas de crescimento?

_____

_____

_____

5. A pesquisa de 2010, em relação aos dados de 2007, aponta uma mudança no número de homens de mulheres. O que mudou?

_____

_____

_____

O número abaixo representa a população do Brasil no ano de 2010, segundo dados do IBGE:

190.732.694 habitantes

Você sabe ler esse número?

Bem, para facilitar a leitura de um número, costumamos separar os algarismos que o compõem em grupos de três em três algarismos, começando pela direita. Assim, separando o número 190.732.694 em classes, temos:

190	732	694
Classe dos milhões	Classe dos milhares	Classe das unidades

Cada grupo de três algarismos corresponde a uma classe: classe das unidades, classe dos milhares, classe dos milhões, etc.

Em cada classe há três ordens: ordem das unidades, ordem das dezenas e ordem das centenas.

Para fazer a leitura desse número, vamos colocá-lo no quadro das ordens.

Observe:

Classe dos milhões			Classe dos milhares			Classe das unidades		
ordens			ordens			ordens		
Centena de milhões	Dezena de milhões	Unidade de milhões	Centena de milhar	Dezena de milhar	Unidade de milhar	Centena simples	Dezena simples	Unidade simples
1	9	0	7	3	2	6	9	4

Dessa forma, podemos dizer que a população do Brasil no ano de 2010 era de cento e noventa milhões, setecentos e trinta e dois mil e seiscentos e noventa e quatro habitantes, segundo o Instituto Brasileiro de Geografia e Estatística (IBGE).

Muitas vezes, para comunicar números da ordem dos milhões, bilhões, etc., de forma que fique compreensível para as pessoas que leem ou escutam a notícia, costuma-se arredondar essa quantidade. Por exemplo, a manchete sobre a notícia da população do Brasil, que você leu anteriormente, na página 146. Perceba que, no lugar em que deveria estar escrita a quantidade correspondente à população do Brasil, que era 190.732.694, aparece a expressão: "mais de 190 milhões de habitantes", ou seja, o número de habitantes foi arredondado e considerou-se um valor aproximado.

A população do Brasil se distribui no extenso território nacional, porém mantém-se unida por mais de cinco séculos. E, apesar dos contrastes regionais e dos abismos sociais, forma um só povo.

Agora leia e escreva por extenso o número que representa a população de nosso país:

- 190.732.694 habitantes

O ESPAÇO GEOGRÁFICO DOS BRASILEIROS

A população brasileira está distribuída nas cinco regiões do Brasil, conforme mostra o mapa e o gráfico a seguir:

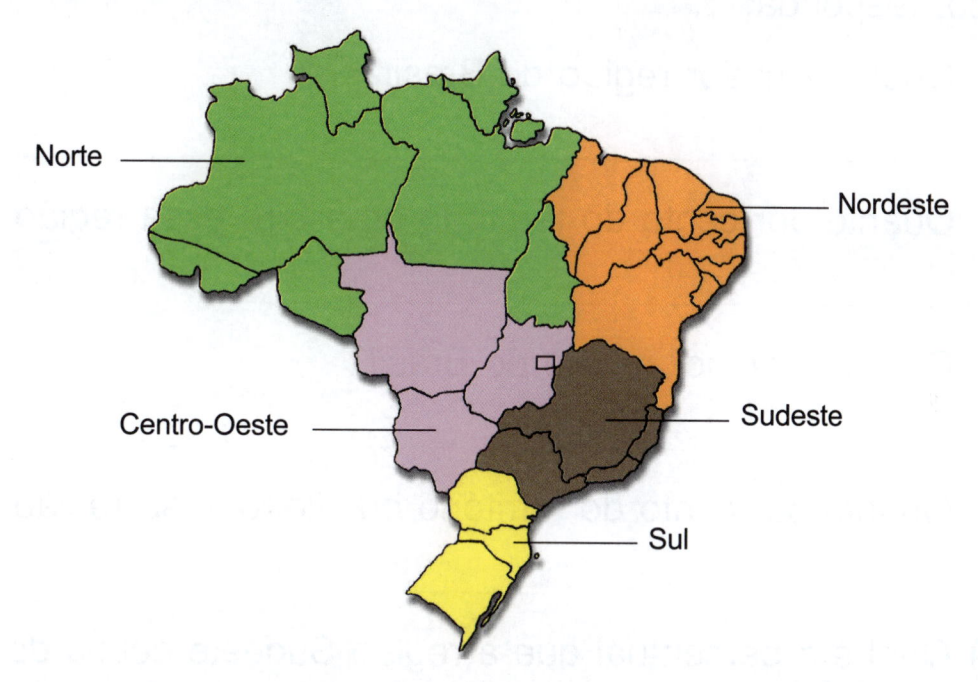

O gráfico abaixo mostra, em percentuais, a extensão territorial ocupada pelas diferentes regiões do Brasil.

ÁREA DAS REGIÕES BRASILEIRAS

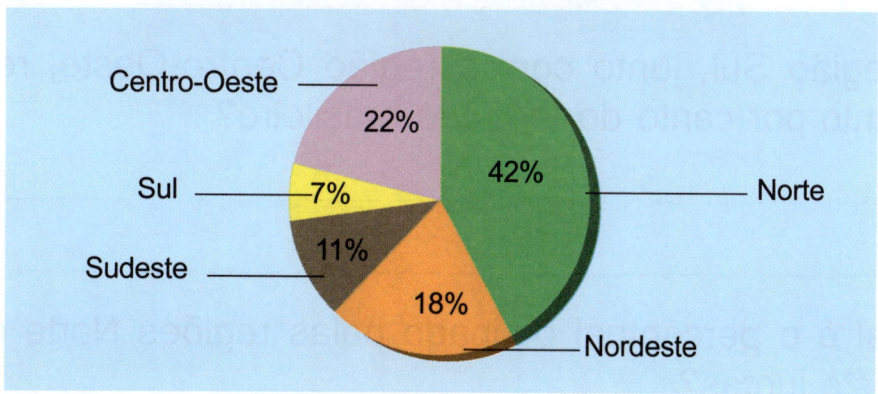

- Centro-Oeste: 22%
- Norte: 42%
- Nordeste: 18%
- Sudeste: 11%
- Sul: 7%

Leia e analise as informações contidas nesse gráfico e faça as devidas comparações com o mapa, que mostra as cinco regiões do Brasil.

Compreensão do texto

1. De acordo com as informações apresentadas no mapa e no gráfico, responda:

   a) Qual é a maior região do Brasil?

   _____

   b) Quanto por cento do território brasileiro essa região ocupa?

   _____

   c) Qual é a menor região do Brasil?

   _____

   d) Quanto por cento do território brasileiro essa região ocupa?

   _____

   e) Qual é o percentual que a região Sudeste ocupa do território brasileiro?

   _____

   _____

   f) A região Sul, junto com a região Centro-Oeste, representa quanto por cento do território brasileiro?

   _____

   g) Qual é o percentual ocupado pelas regiões Norte e Centro-Oeste juntas?

   _____

   _____

2. O gráfico de colunas a seguir mostra a população brasileira, segundo o censo de 2010, distribuída entre as cinco regiões. Os dados são aproximados.

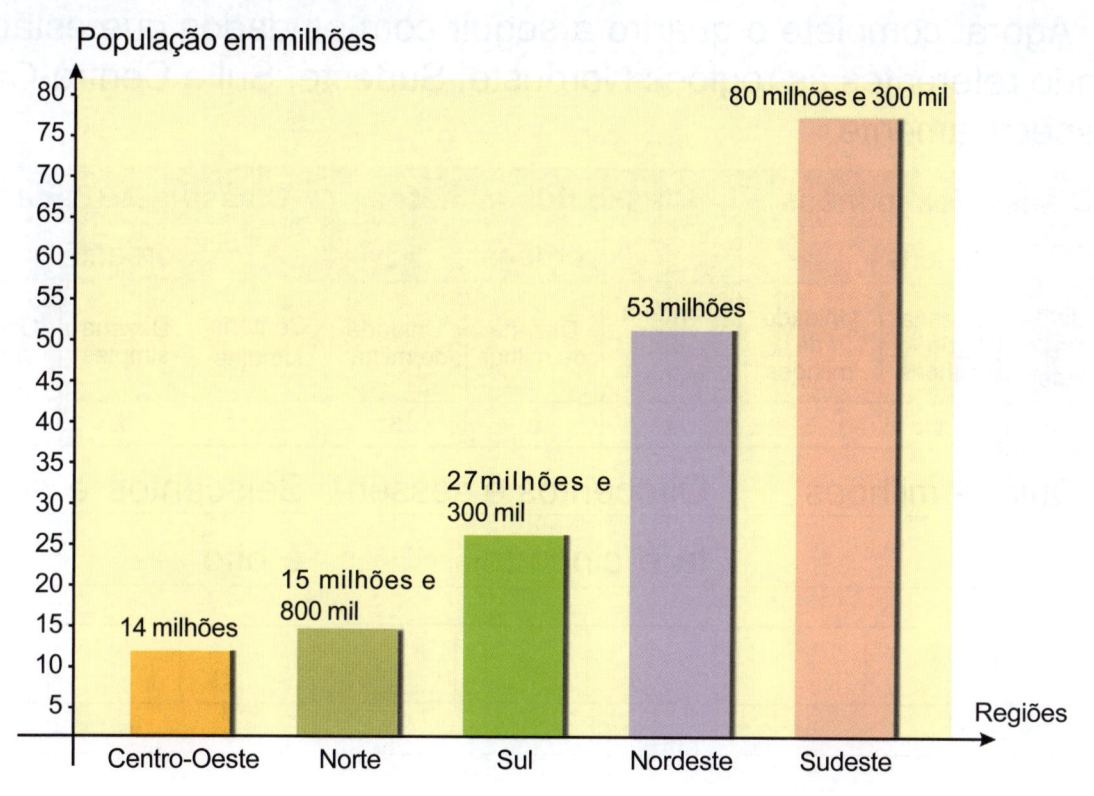

População em milhões

- Centro-Oeste: 14 milhões
- Norte: 15 milhões e 800 mil
- Sul: 27 milhões e 300 mil
- Nordeste: 53 milhões
- Sudeste: 80 milhões e 300 mil

3. A tabela a seguir mostra o número de habitantes do Brasil, por regiões.

População das grandes regiões e as unidades da federação – Censo 2010 / IBGE

Região	População aproximada
Norte	15 865 678
Nordeste	53 078 137
Sudeste	80 353 724
Sul	27 384 815
Centro-Oeste	14 050 340
Brasil	190 732 694

Letramento e alfabetização e alfabetização matemática

Observe com muita atenção as classes e as ordens que formam os números que representam a população das diferentes regiões do Brasil.

Agora, complete o quadro a seguir com os dados que estão faltando referentes às regiões Nordeste, Sudeste, Sul e Centro-Oeste, respectivamente.

Classe dos milhões			Classe dos milhares			Classe das unidades		
ordens			ordens			ordens		
Centena de milhões	Dezena de milhões	Unidade de milhões	Centena de milhar	Dezena de milhar	Unidade de milhar	Centena simples	Dezena simples	Unidade simples
	1	5	8	6	5	6	7	8

Quinze milhões | Oitocentos e sessenta e cinco mil | Seiscentos e setenta e oito

MÉDIA DE VIDA DOS BRASILEIROS

LEITURA

Leia o comentário sobre os dados levantados pelo IBGE no censo de 2010.

EXPECTATIVA DE VIDA NO BRASIL PASSA A 73,2 ANOS, DIZ IBGE

Você sabe o que é expectativa de vida? Já ouviu falar em "esperança" de vida?

A EXPECTATIVA DE VIDA DO BRASILEIRO, QUE EM 2008 ERA 72,86 ANOS, CRESCEU PASSANDO PARA 73,17 ANOS EM 2009, SEGUNDO O IBGE.

AS MULHERES CONTINUAM VIVENDO MAIS QUE OS HOMENS E TÊM ESPERANÇA DE VIDA, AO NASCER, DE 77 ANOS, AO PASSO QUE OS HOMENS TÊM UMA EXPECTATIVA DE VIDA DE 69,4 ANOS.

APESAR DOS AVANÇOS NOS ÚLTIMOS ANOS, A EXPECTATIVA DE VIDA DO BRASILEIRO CONTINUA ABAIXO DE OUTROS PAÍSES EM DESENVOLVIMENTO, COMO VENEZUELA (73,8), ARGENTINA (75,2), MÉXICO (76,1), URUGUAI (76,2) E CHILE (78,5).

NO JAPÃO, A ESPERANÇA DE VIDA AO NASCER É A MAIOR DO PLANETA: SEGUNDO DADOS DA ORGANIZAÇÃO DAS NAÇÕES UNIDAS (ONU), DE 82,7 ANOS, SEGUIDO DE ISLÂNDIA, FRANÇA, CANADÁ E NORUEGA. NOS ESTADOS UNIDOS, A EXPECTATIVA MÉDIA DE VIDA É DE 79,2 ANOS.

> SEGUNDO O IBGE, ENTRE 2000 E 2009, A ESPERANÇA DE VIDA DO BRASILEIRO CRESCEU 2 ANOS, 8 MESES E 15 DIAS, E EM RELAÇÃO A 1980, AUMENTOU 10 ANOS, 7 MESES E 6 DIAS.
>
> A PREVISÃO É DE QUE A ESPERANÇA DE VIDA DA POPULAÇÃO BRASILEIRA ALCANCE OS 80 ANOS POR VOLTA DE 2040.

O comentário pode ser usado na forma escrita ou oral e refere-se a um conjunto de notas ou observações, esclarecedoras ou críticas, expositivas ou argumentativas sobre um assunto. São análises, notas ou ponderações críticas ou esclarecimentos, geralmente curtas, acerca de um texto, uma pesquisa, etc.

(REUTERS) **Diário de São Paulo**, 1 dez. 2010.

Compreensão do texto

1. Hoje, ao nascer, a expectativa de vida do povo brasileiro é maior ou menor do que 73 anos?

_____

2. No Brasil, quem tem a maior expectativa de vida ao nascer, o homem ou a mulher? De quantos anos é, aproximadamente, essa diferença?

_____

3. Qual é o país do mundo com a maior expectativa de vida?

_____

4. Segundo o IBGE, quanto cresceu a expectativa de vida do brasileiro:

- entre 2000 e 2009?
- entre 1980 e 2009?

_____

5. Em que ano a expectativa de vida dos brasileiros atingirá 80 anos?

_____

O ENVELHECIMENTO DA POPULAÇÃO BRASILEIRA

LEITURA

A importância das previsões feitas pelo IBGE está na possibilidade de estabelecer com antecedência políticas públicas para atender a população de idosos.

Leia o Estatuto do Idoso

Os estatutos são textos que se caracterizam como um conjunto de regras ou leis que regem a organização e o funcionamento de um grupo, sociedade, órgão, empresa pública ou privada. Sua estrutura composicional é geralmente organizada em capítulos, títulos, subtítulos, parágrafos e incisos.

O ESTATUTO DA PESSOA IDOSA (LEI Nº 10.741, DE 1º DE OUTUBRO DE 2003)

ART. 1º É INSTITUÍDO O ESTATUTO A PESSOA IDOSA, DESTINADO A REGULAR OS DIREITOS ASSEGURADOS ÀS PESSOAS COM IDADE IGUAL OU SUPERIOR A 60 (SESSENTA) ANOS.

ART. 2º A PESSOA IDOSA GOZA DE TODOS OS DIREITOS FUNDAMENTAIS INERENTES À PESSOA HUMANA, SEM PREJUÍZO DA PROTEÇÃO INTEGRAL DE QUE TRATA ESTA LEI, ASSEGURANDO-SE-LHE, POR LEI OU POR OUTROS MEIOS, TODAS AS OPORTUNIDADES E FACILIDADES, PARA PRESERVAÇÃO DE SUA SAÚDE FÍSICA E MENTAL E SEU APERFEIÇOAMENTO MORAL, INTELECTUAL, ESPIRITUAL E SOCIAL, EM CONDIÇÕES DE LIBERDADE E DIGNIDADE.

ART. 3º É OBRIGAÇÃO DA FAMÍLIA, DA COMUNIDADE, DA SOCIEDADE E DO PODER PÚBLICO ASSEGURAR A PESSOA IDOSA, COM ABSOLUTA PRIORIDADE, A EFETIVAÇÃO DO DIREITO À VIDA, À SAÚDE, À ALIMENTAÇÃO, À EDUCAÇÃO, À CULTURA, AO ESPORTE, AO LAZER, AO TRABALHO, À CIDADANIA, À LIBERDADE, À DIGNIDADE, AO RESPEITO E À CONVIVÊNCIA FAMILIAR E COMUNITÁRIA.

PARÁGRAFO ÚNICO. A GARANTIA DE PRIORIDADE COMPREENDE:

I – ATENDIMENTO PREFERENCIAL IMEDIATO E INDIVIDUALIZADO JUNTO AOS ÓRGÃOS PÚBLICOS E PRIVADOS PRESTADORES DE SERVIÇOS À POPULAÇÃO;

II – PREFERÊNCIA NA FORMULAÇÃO E NA EXECUÇÃO DE POLÍTICAS SOCIAIS PÚBLICAS ESPECÍFICAS;

III – DESTINAÇÃO PRIVILEGIADA DE RECURSOS PÚBLICOS NAS ÁREAS RELACIONADAS COM A PROTEÇÃO A PESSOA IDOSA;

IV – VIABILIZAÇÃO DE FORMAS ALTERNATIVAS DE PARTICIPAÇÃO, OCUPAÇÃO E CONVÍVIO DA PESSOA IDOSA COM AS DEMAIS GERAÇÕES;

V – PRIORIZAÇÃO DO ATENDIMENTO DA PESSOA IDOSA POR SUA PRÓPRIA FAMÍLIA, EM DETRIMENTO DO ATENDIMENTO ASILAR, EXCETO DOS QUE NÃO A POSSUAM OU CAREÇAM DE CONDIÇÕES DE MANUTENÇÃO DA PRÓPRIA SOBREVIVÊNCIA;

VI – CAPACITAÇÃO E RECICLAGEM DOS RECURSOS HUMANOS NAS ÁREAS DE GERIATRIA E GERONTOLOGIA E NA PRESTAÇÃO DE SERVIÇOS ÀS PESSOAS IDOSAS;

VII – ESTABELECIMENTO DE MECANISMOS QUE FAVOREÇAM A DIVULGAÇÃO DE INFORMAÇÕES DE CARÁTER EDUCATIVO SOBRE OS ASPECTOS BIOPSICOSSOCIAIS DE ENVELHECIMENTO;

VIII – GARANTIA DE ACESSO À REDE DE SERVIÇOS DE SAÚDE E DE ASSISTÊNCIA SOCIAL LOCAIS;

IX – PRIORIDADE NO RECEBIMENTO DA RESTITUIÇÃO DO IMPOSTO DE RENDA.

[...]

Disponível em: <www.planalto.gov.br/ccivil/03/leis/2003/L10741>.

Compreensão do texto

1. Qual é a intenção do texto?

_____

2. Como é geralmente a estrutura composicional dos estatutos?

_____

_____

3. *O Estatuto da Pessoa Idosa* destina-se a regular os direitos assegurados às pessoas com que idade?

_____

_____

4. Segundo o Art. 3º, a quem cabe assegurar à pessoa idosa a efetivação do direito à vida, à saúde, à alimentação, à educação, à cultura, ao esporte, ao lazer, ao trabalho, à cidadania, à dignidade, ao respeito e à convivência familiar e comunitária?

_____

_____

Produza um texto

Reúna-se com um colega e considerem: que a expectativa de vida será de 80 anos, por volta de 2040; que as pessoas estão vivendo mais; e o que diz o *Estatuto da Pessoa Idosa*.

Escrevam um texto de opinião sobre o assunto, supondo que mudanças devem ocorrer na sociedade para que todos tenham condições dignas de vida.

Depois, com o auxílio do professor, discutam em grupo, exponham, argumentem e justifiquem suas opiniões.

DIFERENTES FORMAS DE MEDIR

LEITURA

MEDIDAS DE VALOR: A MOEDA BRASILEIRA

E mais.....

O Brasil é um país que já teve em circulação várias moedas. A partir de 1.º de julho de 1994, instituiu o Real como unidade monetária, tendo como símbolo R$.

AS CÉDULAS

O quadro a seguir mostra as cédulas que circulam atualmente no Brasil.

As novas cédulas do real.

Trabalho com letras, palavras, números e medidas

1. Escreva o valor de cada cédula.

Unidade 3 • Diferentes formas de ser e viver.

Letramento e alfabetização e alfabetização matemática

A unidade básica do nosso Sistema Monetário, representada em papel-moeda, é o Real.

Observe os detalhes que contém o desenho de uma cédula, tomando como exemplo a cédula de 10 reais (R$ 10,00).

Algumas informações:

- Dimensões: 140 mm x 65 cm
- Cor predominante: carmim
- Efígie simbólica da República interpretada sob a forma de escultura.
- Gravura de uma arara (*Ara Chloroptera*), ave de grande porte da família dos psitacídeos, típica da fauna do Brasil e de outros países latino-americanos.

A cédula foi a mais emitida em toda a história do Brasil, sendo que já foram lançadas cerca de 7 bilhões de cédulas neste valor.

Trabalho em grupo

Essas são algumas das informações apresentadas em uma cédula, porém, se você prestar mais atenção, descobrirá muito mais coisas nesse "texto".

Converse com seus colegas, professor e com seus familiares sobre essa questão, pois é com o dinheiro que compramos e pagamos tudo, ou quase tudo o que precisamos para sobreviver.

Em seguida, use o caderno para representar com desenhos, recortes ou por escrito o que você observou estampado nas cédulas de 2, 5, 20, 50 e 100 reais.

AS MOEDAS

Estão em circulação duas famílias de moedas do Real.

1ª família

2ª família

Pesquisa

As faces de uma moeda são chamadas de cara e coroa. Observe esses dois elementos na moeda de 10 centavos.

No anverso dessa moeda, está representado o Imperador D. Pedro I reproduzindo o fato histórico do Grito do Ipiranga, marco oficial da Independência do Brasil.

Pesquise o que está estampado nas faces das moeda de 5, 25, 50 centavos e na de um real.

Anote o resultado de sua pesquisa e traga para a sala de aula para mostrar aos seus colegas.

PROBLEMAS DO COTIDIANO

O folheto representado a seguir traz o anúncio de alguns produtos com os respectivos preços. Leia-o.

MERCEARIA

Ofertas válidas do dia 01/02 a 12/02 de 2023

Feijão Preto Pretinho 1kg
R$ 12,50

Arroz branquelinho 5kg
R$ 24,90

Sal Fino 1kg
R$ 2,35

Café Banderola 500g
R$ 18,29

Óleo de soja 900 mℓ
R$ 8,59

AÇOUGUE E BEBIDA

Ofertas válidas do dia 01/02 a 12/02 de 2023

Peito de frango 1kg
R$ 16,40

Garrafão de água 20 ℓ
R$ 29,90

Leite Longa Vida 1 ℓ
R$ 3,90

1. Escreva como você lê os seguintes preços:

    a) R$ 16,40 _____

    b) R$ 8,59 _____

    c) R$ 24,90 _____

    d) R$ 12,50 _____

    e) R$ 18,29 _____

    f) R$ 2,25 _____

    g) R$ 29,90 _____

2. Escreva o que os símbolos abaixo significam:

    kg _____   g _____

    ℓ _____   mℓ _____

3. Compare e responda:

    a) Qual é o produto com o menor preço apresentado no folheto?
    _____

    b) Qual é o produto com o maior preço apresentado no folheto?
    _____

    c) Quanto custa o quilograma de peito de frango?
    _____

    d) Uma pessoa que compra 3 kg de peito de frango deverá pagar quanto?
    _____

    e) A embalagem do óleo de soja possui capacidade maior ou menor do que 1 litro? _____

    f) De quanto é a diferença? _____

4. Complete a tabela com os dados que estão faltando. Não se esqueça de calcular e preencher o total.

Produto	Preço	
	Unidade	Total
Peito de frango	2 kg	
Óleo de soja	2 embalagens de 900 mℓ	
Arroz	5 kg	
Feijão	2 kg	
Café		18,29
Leite longa vida	2 ℓ ou 2 caixas	
Água		29,90
TOTAL		

Agora responda:

a) Se uma pessoa fizer uma compra, conforme os dados da tabela acima, quanto gastará? _____

b) Se para pagar essa compra for dada uma cédula de 100 reais, uma de 50 reais e uma de 10 reais, haverá troco? _____. Quanto? _____

c) Qual é o valor da compra de cinco quilogramas de arroz e dois quilogramas de feijão e duas embalagens de óleo de soja?

_____

- qual é o troco, se a conta for paga com uma cédula de 200 reais?

MEDIDAS DE CAPACIDADE E MASSA

OS NÚMEROS, AS MEDIDAS E AS DELÍCIAS DA CULINÁRIA BRASILEIRA

Que tal estudar um pouco mais de Matemática aprendendo a preparar uma receita de feijoada?

FEIJOADA CARIOCA

Receita que serve 20 pessoas

Ingredientes:
- 2 kg de feijão preto
- 1/2 kg de charque
- 1 língua defumada
- 1/2 kg de lombo de porco defumado
- 1/2 kg de linguiça calabresa
- 1/2 kg de costelas de porco salgadas ou defumadas
- 2 paios
- 2 pés de porco
- 250 g de orelha de porco
- 1 rabo de porco
- 150 g de toucinho salgado
- 150 g de bacon
- 5 dentes de alho
- 2 cebolas brancas e duas roxas grandes
- 3 folhas de louro
- 750 g de carne fresca (lagarto, patinho, acém)
- 50 ml de óleo de milho
- 1/4 de garrafa de pinga, sal, pimenta-do-reino.

> Texto prescritivo: Os textos prescritivos ou informativos são os que contêm informações acerca do modo de realizar uma atividade: são instruções. São textos simples, como a receita culinária, a recomendação de uma atividade escolar, ou complexos, como as leis. No dia a dia encontramos esses textos nas instruções de uso de aparelhos e máquinas, nos regulamentos, etc.

Modo de preparo:

1ª ETAPA

1. Selecione o feijão, lave e cubra com água, deixando reservado por três horas.

2. Lave as carnes salgadas e deixe de molho em água gelada.

3. Escalde as carnes defumadas, tempere a carne fresca com sal, alho e pimenta-do-reino. Reserve por 1 hora (geladeira).

2ª ETAPA

1. Leve ao fogo uma panela contendo óleo e toucinho, quando frito, junte o alho bem picado e frite sem alourar. Adicione as carnes frescas e sal deixando dourar bem.

2. Quando estiverem meio cozidas, acrescente os defumados, as folhas de louro e aguarde que cozinhem por alguns minutos.

Coloque a pinga, tampe a panela e ferva por 5 minutos.

3. Agregue água quente que cubra tudo.

4. Deixe que cozinhe por 10 minutos.

5. Junte o feijão e as cebolas fatiadas (que ficaram de molho em água gelada, se necessário acrescente mais água).

6. Tampe a panela e deixe cozinhar em fogo brando. Quando as carnes estiverem macias e o caldo grosso, a feijoada estará pronta. Desligue o fogo e acrescente cebola roxa cortada em fatias bem finas na superfície da feijoada, abafando por, no mínimo, 2 horas (melhor feita de véspera).

Compreensão do texto

1. Vamos agora reescrever os ingredientes dessa receita de duas formas:

   • dobrando a receita e dividindo-a pela metade.

   Se você sentir dificuldades com as quantidades, peça ajuda ao professor.

Dobro dos ingredientes	Metade dos ingredientes

Você percebeu que essa receita serve vinte pessoas? Então, responda:

a) Quando os ingredientes forem divididos pela metade, quantas pessoas é possível servir com essa receita?

b) Quando os ingredientes forem dobrados, quantas pessoas é possível servir com essa receita?

_____

c) Para continuar com as nossas receitas da região Sudeste, você deverá pesquisar junto a seus colegas, professores e familiares e escrever, numa folha de papel, uma receita de um prato típico de São Paulo, Minas Gerais e do Espírito Santo. Num momento oportuno, troque a sua receita com a de seus colegas e verifique a riqueza da gastronomia da região Sudeste.

2. Leia e escreva o que significam as expressões a seguir. Se tiver dificuldade, peça ajuda ao professor.

a) $\frac{1}{2}$ kg – _____

b) 250 g – _____

c) 50 mℓ – _____

d) $\frac{1}{4}$ de garrafa – _____

Trabalhando com palavras, sílabas e letras

1. No modo de preparo da receita da feijoada carioca, encontramos as palavras: selecione, lave, escalde. Essas palavras indicam ações a serem seguidas para que se tenha um bom resultado.

Leia novamente o texto, procure outras palavras que apresentem a mesma finalidade e copie-as no caderno.

RODA DE CONVERSA

Grande número de trabalhadores brasileiros é beneficiado pelo Programa de Alimentação do Trabalhador recebendo a cesta básica. Você sabe o que é cesta básica? Por que é necessário esse programa?

Leia os textos sobre o que é cesta básica e o que a compõe.

LEITURA

CESTA BÁSICA

Conjunto de bens que entram no consumo básico de uma família de trabalhadores e varia conforme o nível de renda familiar e o desenvolvimento social do país.

No Brasil, a cesta básica foi criada por um decreto do governo de Getúlio Vargas, em 1938, como um dos fatores de cálculo do salário mínimo, além de ter o objetivo de atender às necessidades básicas de um trabalhador adulto. A cesta básica é constituída por 13 produtos alimentícios, com quantidade mínima de consumo por indivíduo durante o período de um mês. Os produtos variam, dependendo da região do país.

O fornecimento da cesta básica não é obrigatório, porém, desde 1991, o governo federal instituiu o PAT (Programa de Alimentação do Trabalhador), que proporciona incentivos fiscais às empresas que aderirem à distribuição de cestas para seus empregados. Seu valor pode ser repassado total ou parcial para o funcionário e não é considerado direito adquirido.

Cesta Básica, E aprender. Disponível em <www.educabrasil.com.br/eaprender/texto.asp?id=142>.

QUAIS PRODUTOS COMPÕEM A CESTA BÁSICA?

São 13 alimentos: carne, leite, feijão, arroz, farinha, batata, tomate, pão, café, banana, açúcar, óleo e manteiga. No Brasil, a quantidade de cada ingrediente varia de acordo com a tradição alimentar de três grandes áreas do país: a Região Sudeste, as regiões Sul/Centro-Oeste e as regiões Norte/Nordeste. Mas não espere encontrar exatamente esses ingredientes nos kits que as empresas distribuem aos funcionários. "Os cardápios das cestas de alimentos são definidos em acordos entre patrões e empregados e têm pouco a ver com essa lista", afirma o economista José Maurício Soares, do Departamento Intersindical de Estatística e Estudos Socioeconômicos (Dieese). Então, para que serve a cesta básica? "Ela é um conceito abstrato, que mede se o poder de compra do salário mínimo consegue suprir as necessidades alimentares básicas de uma pessoa durante um mês", diz a socióloga Claudia Garcia Magalhães, da Prefeitura de São Paulo. Além de não ser um banquete, a cesta é fraca em certos nutrientes: ela não atende plenamente às necessidades de vitaminas e minerais, encontrados em frutas, verduras e legumes.

QUAIS produtos compõem a cesta básica? Disponível em:< http://mundoestranho.abril.com.br/materia/quais-produtos-compoem-a-cesta-basica>.

SABER MAIS

O DIEESE, Departamento Intersindical de Estatística e Estudos Socioeconômicos, é uma criação do movimento sindical brasileiro. Foi fundado em 1955 para desenvolver pesquisas que fundamentassem as reivindicações dos trabalhadores.

Compreensão do texto

Responda no caderno.

1. O que é cesta básica?

2. Com que objetivos a cesta básica foi criada?

3. Quais são os produtos que constituem a cesta básica?

4. Qual é o programa do Governo Federal que incentiva as empresas ao fornecimento da cesta básica aos empregados?

5. Por que a quantidade da cada ingrediente não é igual em todas as regiões do país?

6. O salário mínimo é capaz de suprir, além da alimentação, todas as necessidades determinadas na Constituição de 88? Justifique.

7. Leia a tabela do Dieese – Departamento Intersindical de Estatística e Estudos Socioeconômicos.

Tabela de provisões mínimas estipuladas pelo Decreto Lei nº 399				
Alimentos	Região 1	Região 2	Região 3	Nacional
Carne	6,0 kg	4,5 kg	6,6 kg	6,0 kg
Leite	7,5 ℓ	6,0 ℓ	7,5 ℓ	15,0 ℓ
Feijão	4,5 kg	4,5 kg	4,5 kg	4,5 kg
Arroz	3,0 kg	3,6 kg	3,0 kg	3,0 kg
Farinha	1,5 kg	3,0 kg	1,5 kg	1,5 kg
Batata	6,0 kg	–	6,0 kg	6,0 kg
Legumes (Tomate)	9,0 kg	12,0 kg	9,0 kg	9,0 kg
Pão francês	6,0 kg	6,0 kg	6,0 kg	6,0 kg
Café em pó	600 gr	300 gr	600 gr	600 gr
Frutas (Banana)	90 unid	90 unid	90 unid	90 unid
Açúcar	3,0 kg	3,0 kg	3,0 kg	3,0 kg
Banha/Óleo	750 gr	750 gr	900 gr	1,5 kg
Manteiga	750 gr	750 gr	750 gr	900 gr

Fonte: Dieese. Disponível em: <http://portaldefinancas.com/arq_cestas/metodologia.htm>.

ABC +123 Letramento e alfabetização e alfabetização matemática

8. Pesquise o preço dos produtos, calcule o valor da cesta básica da sua região e compare:

Tabela de provisões mínimas estipuladas pelo Decreto Lei nº 399			
Alimentos	Peso/região	Preço unitário	Valor
Carne			
Leite			
Feijão			
Arroz			
Farinha			
Batata			
Legumes (Tomate)			
Pão francês			
Café em pó			
Frutas (Banana)			
Açúcar			
Banha/Óleo			
Manteiga			
Soma			R$

Valor do salário mínimo (R$_____) – (menos) o valor da cesta básica (R$_____) = (igual) ao valor destinado às outras despesas de manutenção (R$_____).

9. Você concorda com a seguinte informação do Dieese?

Pelas contas do Dieese o salário mínimo...

Está longe, portanto, de atender aos preceitos da Constituição de 1988. O texto determina que, além da alimentação, o salário mínimo seja capaz de suprir as necessidades de moradia, vestuário, saúde, transportes, educação, higiene, lazer e previdência. [...]

Cesta básica em xeque 27 jun. 2004. **Sindicato Mercosul**. Disponível em:< www.sindicatomercosul.com.br/noticia02.asp?noticia=15311>.

CASANOVA, Ernesto. Vasco da Gama. 1845. Ilustração. In: CAMÕES, Luís de. Os Lusíadas. 1880. Library of Congress, Washington (EUA).

UNIDADE 4 — DESAFIOS DA VIDA

A CARACTERÍSTICA MARCANTE DE NOSSA CULTURA É A RIQUEZA DE SUA DIVERSIDADE, RESULTADO DE NOSSO PROCESSO HISTÓRICO-SOCIAL E DAS DIMENSÕES CONTINENTAIS DO NOSSO PAÍS.

NESSA DIVERSIDADE, É IMPORTANTE DISCUTIR SOBRE OS DESAFIOS DA NOSSA SOCIEDADE: A VALORIZAÇÃO DAS CARACTERÍSTICAS ÉTNICAS CULTURAIS DOS DIFERENTES GRUPOS SOCIAIS, AS DESIGUALDADES SOCIOECONÔMICAS E AS RELAÇÕES SOCIAIS DISCRIMINATÓRIAS QUE PERMEIAM A SOCIEDADE BRASILEIRA.

O BRASIL DE TODOS NÓS

RODA DE CONVERSA

O Brasil já teve outros nomes antes de ser chamado Brasil? O que dava origem a esses nomes? Quem foram os primeiros habitantes do Brasil?

Leia o poema "Ladainha" e descubra. A leitura pode ser feita em conjunto, o professor lê o texto enquanto todos os alunos repetem o refrão – repetição constante em forma de ladainha.

> Lembre-se:
> Poema é uma composição em versos, tem função estética e, geralmente, a linguagem está centrada nas emoções e na preocupação com o modo de expressão.

LEITURA

LADAINHA

POR SE TRATAR DE UMA ILHA, DERAM-LHE O NOME DE ILHA DE VERA-CRUZ.

ILHA CHEIA DE GRAÇA
ILHA CHEIA DE PÁSSAROS
ILHA CHEIA DE LUZ.

ILHA VERDE ONDE HAVIA
MULHERES MORENAS E NUAS
ANHANGÁS A SONHAR COM HISTÓRIAS DE LUAS
E CANTOS BÁRBAROS DE PAJÉS EM PORACÉS BATENDO OS PÉS.

DEPOIS MUDARAM-LHE O NOME
PRA TERRA DE SANTA CRUZ.
TERRA CHEIA DE GRAÇA
TERRA CHEIA DE PÁSSAROS
TERRA CHEIA DE LUZ.

SILVA, Oscar Pereira. **Desembarque de Cabral em Porto Seguro**. 1900. Óleo sobre tela, 330 cm × 190 cm. Museu Paulista, São Paulo (SP).

A GRANDE TERRA GIRASSOL ONDE HAVIA GUERREIROS DE TANGA E ONÇAS RUIVAS DEITADAS À SOMBRA DAS ÁRVORES MOSQUEADAS DE SOL.

MAS COMO HOUVESSE, EM ABUNDÂNCIA,
CERTA MADEIRA COR DE SANGUE COR DE BRASA
E COMO O FOGO DA MANHÃ SELVAGEM
FOSSE UM BRASIDO NO CARVÃO NOTURNO DA PAISAGEM,
E COMO A TERRA FOSSE DE ÁRVORES VERMELHAS
E SE HOUVESSE MOSTRADO ASSAZ GENTIL,
DERAM-LHE O NOME DE BRASIL.

BRASIL CHEIO DE GRAÇA
BRASIL CHEIO DE PÁSSAROS
BRASIL CHEIO DE LUZ.

RICARDO, Cassiano. **Martim Cererê**. 12ª. edição. Rio de Janeiro: José Olympio Editora - INL, 1972, p. 33.

BIOGRAFIA

CASSIANO RICARDO NASCEU EM SÃO JOSÉ DOS CAMPOS, SP, EM 26 DE JULHO DE 1895 – E FALECEU NO RIO DE JANEIRO, EM 14 DE JANEIRO DE 1974.

FOI JORNALISTA, POETA E ENSAÍSTA. MEMBRO DA ACADEMIA BRASILEIRA DE LETRAS, CADEIRA NÚMERO 31, SUCEDEU AO TAMBÉM PAULISTA PAULO SETÚBAL.

Poeta Cassiano Ricardo em 1962.

Compreensão do texto

1. Qual é o propósito do texto?
   _____

2. O que caracteriza a linguagem do texto?
   _____

3. O assunto do poema "Ladainha" é a chegada dos portugueses no Brasil. Identifique os nomes que foram dados ao nosso país.

   a) Por acreditar ser uma ilha:
   _____
   _____

   b) Depois mudaram o nome:
   _____

   c) E por fim:
   _____

4. Leia novamente o texto, preste atenção nas repetições e responda: por que o título do texto é "Ladainha"?
   _____
   _____
   _____

5. Copie a descrição do que havia na Ilha de Vera Cruz.
   _____
   _____
   _____

Trabalhando com palavras, letras e sílabas

1. Com o auxílio do professor, copie do texto três palavras de origem indígena e procure no dicionário os seus significados.

   _____

   _____

   _____

2. Localize, na quinta estrofe do poema, palavras ou expressões que atribuem qualidades aos nomes:

   Madeira _____

   Fogo _____

   Árvores _____

Trabalhando com palavras, letras e sílabas

3. Leia as palavras em voz alta: tan**ga**, **ge**ntil, **gi**rassol, fo**go**, fi**gu**ra. Observe que o som das sílabas **ge** e **gi** não é o mesmo das sílabas **ga**, **go** e **gu**. O som assumido pela letra **g** depende das vogais que compõem as sílabas.

   Escreva outras palavras escritas **ge** e **gi**, no início, no meio ou no final da palavra.

   _____   _____

   _____   _____

   _____   _____

   Agora observe a pronúncia da letra **g** nas palavras: san**gue** e **gue**rreiros. O que você notou? A pronúncia é diferente?

   Escreva outras palavras em que apareça a sílaba **gue**.

Produção de texto

No caderno, escreva um poema, coloque no papel suas ideias, sua emoção. Escolha um tema. Use a imaginação, procure a melhor forma para escrever suas ideias. Lembre-se de que os poemas são escritos em versos divididos e estrofes.

AS FORMAS GEOMÉTRICAS NA BANDEIRA E NO ARTESANATO BRASILEIRO

O que vem à sua cabeça quando você ouve ou lê a palavra Brasil? E quando você vê a bandeira brasileira?

A Bandeira Nacional do Brasil foi instituída no dia 19 de novembro de 1889.

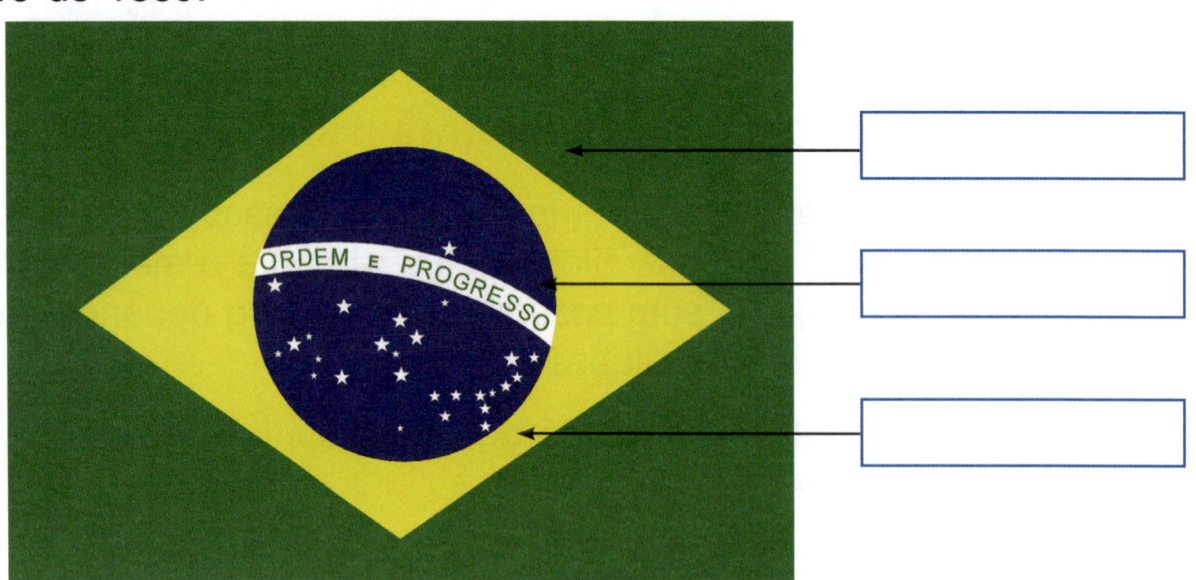

Esse símbolo nacional tem por base um retângulo verde e inscrito a ele um losango amarelo que inscreve um círculo azul atravessado por uma faixa branca com as palavras "Ordem e Progresso" em letras verdes, assim como vinte e sete estrelas de cor branca.

Dê nome às figuras geométricas que encontramos na Bandeira Nacional.

As formas geométricas presentes no artesanato brasileiro.

Observe as formas geométricas e os padrões presentes na arte dos povos da região Norte do Brasil.

Arte marajoara do Distrito de Icoaraci. Belém (PA).

Artesanato indígena na sede da AANA - Associação dos Artesãos de Novo Airão, Novo Airão (AM), 2009.

Artesanato com capim dourado (TO).

Panela de cerâmica da tribo Macuxí no Museu da Cultura de Roraima, Boa Vista (RR).

Pense quanto conhecimento de geometria, além de toda sua criatividade, um artesão precisa ter para desenvolver o seu trabalho.

Ao observar esses artesanatos, podemos perceber um dos elementos mais utilizados para a criação das peças é a **simetria**.

E como podemos perceber a simetria?

Bem, se você observar a tampa do cesto, representada a seguir,

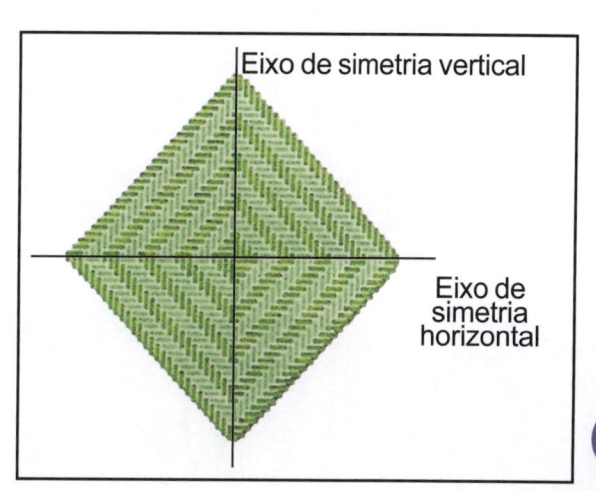

Eixo de simetria vertical

Eixo de simetria horizontal

GLOSSÁRIO

Geometria: parte da Matemática que trata do estudo das formas.

com ajuda de um espelho pequeno colocado sobre um dos eixos, verá refletida nele uma imagem idêntica à outra metade da tampa. Isso acontece tanto com o espelho no eixo horizontal como no eixo vertical.

Trabalhando com as formas e simetria

1. Observe a figura e verifique se apresenta simetria. Se apresentar, trace o eixo de simetria.

2. A partir do eixo de simetria, desenhe a parte das figuras que falta.

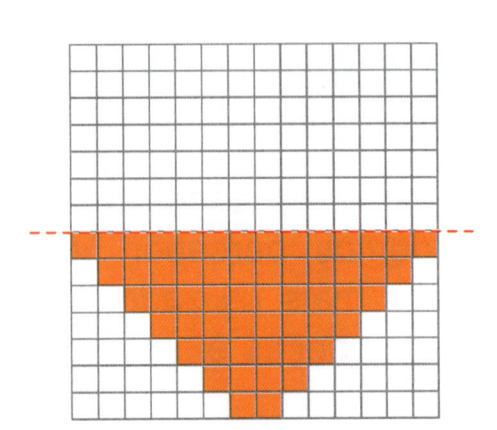

3. Você conhece o artesanato da sua cidade?

Encontre alguma figura que ilustre o artesanato de sua cidade. Cole-a no espaço abaixo. Verifique se a figura ou o desenho apresenta simetria.

As rendas confeccionadas no Nordeste já alcançaram o mundo pela sua qualidade e beleza.

As formas e padrões geométricos são muito utilizados nos bordados, nas rendas, no crochê de acabamento das peças. As figuras ao lado mostram algumas peças que utilizam motivos geométricos. Observe-os.

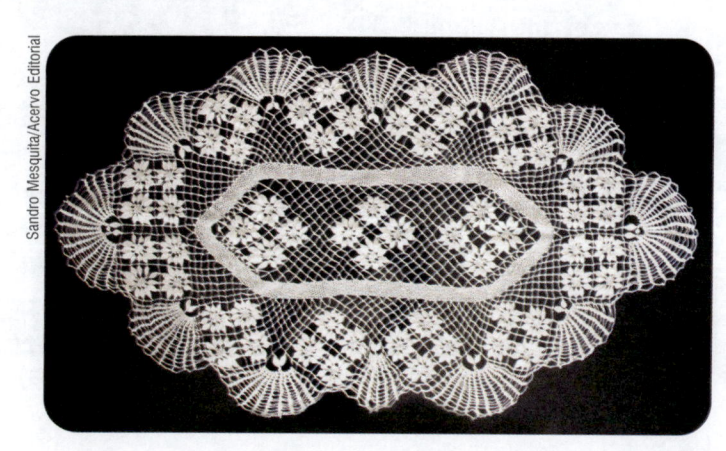

AS FORMAS GEOMÉTRICAS TRIDIMENSIONAIS

Você já prestou atenção nas diferentes formas apresentadas na arquitetura de edificações antigas como igrejas, castelos, fortalezas, etc.?

Nessas construções, feitas pelo homem, podemos observar as mais variadas formas geométricas.

• Formas com superfícies arredondadas.

Taj Mahal. Agra (Índia).

Colunas do pavilhão de Trajano. Templo de Philaé, Aswan (Egito).

• Formas com superfícies planas.

Basilica di Saccargia. Sardenha (Itália).

Pirâmide no Museu do Louvre. Paris (França).

Para construir palácios, igrejas, moradias, e até mesmo os objetos que utilizamos no nosso dia a dia, com certeza, o homem buscou inspiração nas formas da natureza, por exemplo: o formato

- do Sol e da Lua

- da estrela-do-mar

- do tronco das árvores
- dos favos das abelhas, entre outros

As formas da natureza deram origem ao que chamamos hoje de formas tridimensionais ou espaciais. Veja alguns exemplos:

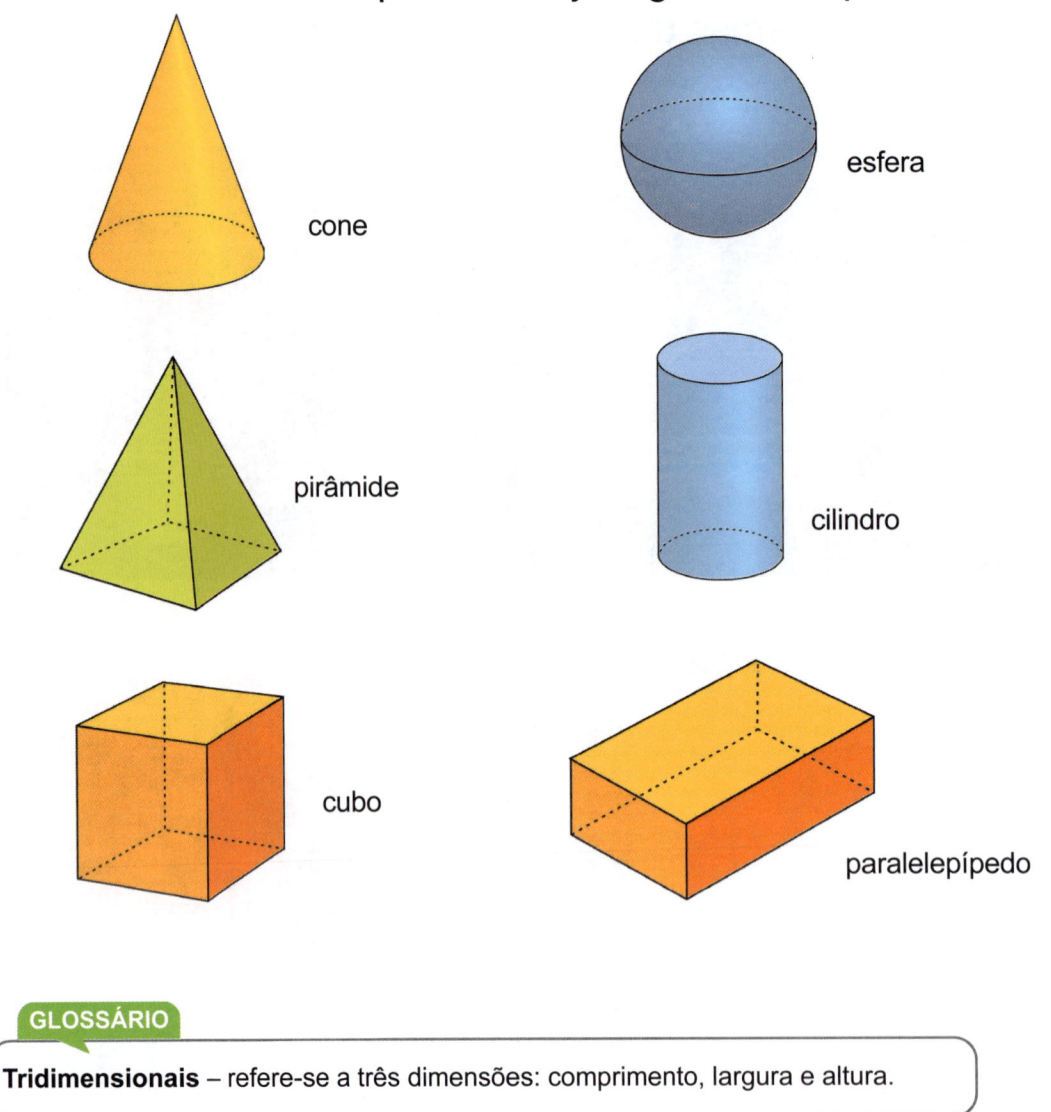

cone

esfera

pirâmide

cilindro

cubo

paralelepípedo

GLOSSÁRIO

Tridimensionais – refere-se a três dimensões: comprimento, largura e altura.

Observar a natureza já era um costume que vem desde muito tempo, passando pelas civilizações antigas, até nossos dias.

Com essas formas abstraídas, ou seja, "na cabeça" os homens vêm criando diferentes objetos ao logo do tempo para nos auxiliar nas tarefas que executamos diariamente.

- Desenhe alguns objetos de nosso tempo, que possuam a forma das figuras geométricas acima.

NOSSO LIXO DE CADA DIA

RODA DE CONVERSA

Como cidadãos contemporâneos, vivemos numa sociedade em que os meios de comunicação de massa nos informam diariamente sobre todos os tipos de problemas, portanto, não podemos ignorá-los.

Catador de lixo.

Uma das questões mais preocupantes é a fome, consequência da extrema pobreza que afeta grande parte da população mundial que, muitas vezes, 'sobrevive' do lixo produzido nas cidades.

A veiculação de artigos sobre temas diversos tem como objetivo levar informações e entretenimento ao seu público. O artigo de opinião "O povo do lixo" veiculado na revista é expositivo e nos apresenta, em forma de denúncia, um cenário em que pessoas sobrevivem do lixo produzido nas cidades.

Você concorda que a fome é uma questão que merece atenção?

Leia o texto que trata desse assunto.

LEITURA

O POVO DO LIXO

O DRAMA DE HOMENS, MULHERES E CRIANÇAS QUE DEPENDEM DO LIXO PARA GARANTIR A SOBREVIVÊNCIA.

No chão, em meio a papéis rasgados, uma embalagem vazia de detergente, um pote usado de margarina, um saco de feijão estragado, uma camisa rasgada do Palmeiras e mais um punhado de coisas imprestáveis, há um livro. Na capa, lê-se A *Gateway to Paradise* — uma passagem para o paraíso. Para conhecer o dia a dia do lixão de Aguazinha, em Olinda,

Pernambuco, é preciso enfrentar um caminho. Achar a tal passagem. Ela separa o mundo do lixo daquele que deixamos lá fora. É a divisória entre o universo no qual vivemos e um outro que insistimos em desconhecer e que em nada lembra o paraíso.

O depósito ocupa um espaço maior que 14 campos de futebol. Lá são despejadas, a cada dia, 400 toneladas de lixo. Recentemente, a prefeitura de Olinda cadastrou 304 catadores, mas estima-se que sejam mais de 500. Muitos não têm sequer certidão de nascimento ou documentos de identidade e, por isso, não foram cadastrados. As histórias desse povo do lixo são despejadas, aos montes, em cima de quem chega. Com uma barriga maior do que a blusa que veste, Tatiane Gomes, de 18 anos, conta um pouco da sua vida. O pai, alcoólatra, sumiu há tempos. A mãe, depois de um acidente, não pôde mais trabalhar. Nem sai do quarto. O padrasto vive de bicos. Tatiane vem ao lixão de segunda a sábado, para uma jornada de 12 horas, apesar dos quase nove meses de gravidez.

REVISTA OS CAMINHOS DA TERRA. São Paulo: Abril. ano 12, n. 136, ago. 2003.

GLOSSÁRIO

UNICEF – Fundo das Nações Unidas para a Infância

Nações Unidas ou Organização das Nações Unidas (ONU) – organização internacional cujo objetivo declarado é facilitar a cooperação em matéria de direito e segurança internacional, desenvolvimento econômico, progresso social, direitos humanos e a realização da paz mundial.

Compreensão do texto

Responda no caderno:

1. Qual é a intenção do texto?

2. Qual é o portador, isto é, em que revista está publicado esse artigo?

3. Qual é a denominação que o autor do texto dá à população que busca a sobrevivência no lixo?

4. Como o autor descreve o chão do lixão de Aguazinha?

5. Há um contraste entre o título do livro encontrado no lixão o ambiente descrito. Qual é?

6. Você concorda com a afirmação do autor de que insistimos em desconhecer esse universo que em nada lembra o paraíso? Por quê?

7. Segundo o texto, quantas toneladas de lixo são produzidas em Olinda por dia?

8. O número de catadores cadastrados em Olinda nos dá a extensão do problema. Quantos foram cadastrados?

Trabalhando com as formas e simetria

1. Complete as palavras com **X**, leia-as em voz alta e observe a pronúncia de cada uma delas.

li _____ o   dei _____ ar   tá _____ i

_____ ícara   _____ arope   se _____ ta

e _____ emplo   o _____ igênio   tóra _____

e _____ terno   abai _____ o   e _____ ército

ane _____ o   e _____ plosão   pró _____ imo

Produza um texto

O conhecimento da história do "povo do lixo" pelos nossos governantes é importante no estabelecimento de políticas públicas para diminuir o problema.

> Relação ou lista que contém itens em sequência, que obedecem a determinados critérios, por exemplo, ordem de importância, ordem alfabética, etc.

Reúnam-se em grupos, discutam o assunto e façam uma relação das políticas de atenção a esses problemas sugeridas pelo grupo.

Apresentem a relação elaborada pelo grupo aos outros alunos e ouçam atentamente as sugestões dos colegas.

> Sobre esse assunto você pode assistir ao documentário "Ilha das flores", em DVD.

TONELADAS DE LIXO

De acordo com o texto "O povo do lixo", o lixão de Aguazinha, em Olinda, recebe diariamente 400 toneladas de lixo.

Você tem ideia do que essa quantia representa?

Imagine que cada tonelada equivale a 1 000 quilos, logo 400 toneladas é o mesmo que 400 000 quilos.

Uma tonelada = 1 000 kg → um mil ou mil quilogramas.

Quatrocentas toneladas = 400 000 kg → quatrocentos mil quilogramas

Você consegue imaginar quantos quilogramas de lixo são depositados nesse local em 10 dias? E em 30 dias?

Trabalho com números e medidas

1. Relacione o tempo com a quantidade de lixo depositada num lixão que recebe diariamente 20 toneladas de dejetos.

   2 dias •　　　　　　　　• 160 toneladas ou 160 000 kg

   5 dias •　　　　　　　　• 200 toneladas ou 200 000 kg

   8 dias •　　　　　　　　• 40 toneladas ou 40 000 kg

   10 dias •　　　　　　　　• 100 toneladas ou 100 000 kg

A tonelada é uma unidade de medida que utilizamos para medir grandes massas, como, por exemplo: a carga de um caminhão, o "peso" de um boi ou de uma baleia, etc.

Existem outras medidas de massa que utilizamos no nosso dia a dia: o quilograma, o grama e o miligrama.

- Em um quilograma, temos mil gramas. Em Matemática representamos assim:

$$1 \text{ kg} = 1\,000 \text{ g}$$

- O miligrama é uma fração muito pequena do grama. Imagine a quantia de um grama dividido em mil (1 000) partes iguais. Essa quantia representa o miligrama.

O miligrama é uma unidade de massa muito utilizada na indústria farmacêutica, na confecção de joias em pedras e metais preciosos, entre outros usos.

Outra unidade de medida de massa muito utilizada é a arroba.

$$1 \text{ arroba} = 15 \text{ kg}$$

A arroba é utilizada principalmente na pesagem de animais.

O quadro a seguir mostra as unidades de medida de massa e o símbolo que as identifica.

Medidas de massa	Símbolos
Tonelada	t
Arroba	@
Quilograma	kg
Grama	g
Miligrama	mg

Letramento e alfabetização e alfabetização matemática

Recorte em jornais, revistas ou panfletos de propaganda e bulas de remédios figuras que apresentam as quantidades de massa em quilograma, grama, miligrama.

SABER MAIS

O lixo é um grave problema para o meio ambiente e consequentemente para a administração dos municípios. É poluente e produzido em grande quantidade por toda a população. Mesmo quando os depósitos municipais são construídos segundo as normas estabelecidas por leis, precisam ser devidamente administrados para evitar o vazamento de elementos poluentes no meio ambiente.

Trabalho com palavras, letra e número

1. Escreva a frase trocando a ordem das expressões.

No chão,	Em meio a papéis,	Há um livro,
Em meio a papéis,		
Há um livro,		

2. Leia as palavras em voz alta e preste atenção no som pronunciado.

Acidente	Sábado	Espaço	Passagem
Recente	Separa		Isso
Conhecer	Sumiu		Desse

Você percebeu que nessas palavras o som do **C**, **S**, **Ç** e **SS** é igual.

Agora procure outras palavras escritas com essas letras que tenham o mesmo som e complete o quadro.

OS DIREITOS HUMANOS

RODA DE CONVERSA

A diversidade entre os povos indígenas se dá em todos os níveis: na organização política, nas crenças, na ordenação do espaço, na língua, enfim, nos usos, nos costumes revelados em seu modo de ser, de viver e interpretar o mundo. Porém, como parte da sociedade atual ainda vê o indígena brasileiro.

Como é ser indígena hoje? Leia o texto, trata-se de uma introdução a um trabalho de resgate histórico sobre a visão equivocada que as pessoas têm das sociedades indígenas brasileiras.

> Os textos didáticos têm por objetivo expor os conteúdos das áreas do conhecimento em uma linguagem acessível aos professores e alunos.

SER ÍNDIO HOJE

TEXTO 1

Índio Yanomami. Barcelos (AM). 2010.

Você e seus amigos são idênticos?

De onde vêm as diferenças?

Como você percebe essas diferenças?

Elas impedem que vocês continuem amigos? Jogando, brincando, passeando e estudando juntos?

Essas diferenças são as mesmas que você identifica em relação aos índios?

Um jovem índio, Nambikwara, nos fala de como as pessoas identificam os índios:

— Se você não tem isso feito na boca, no nariz e na orelha (furos), as pessoas não vão acreditar, vão falar:

Letramento e alfabetização e alfabetização matemática

— Você não é índio! Aí não tem jeito de comprovar que você é índio! Índio tem de ser sempre índio!

Como é ser sempre índio? Será que vestir roupa de branco, falar português, utilizar utensílios domésticos, agrícolas, faz do índio um branco?

Nós nos acostumamos com a imagem de índios todos iguais. Essa visão equivocada acontece há 500 anos, desde que Colombo chegou à América pensando ter chegado às Índias.

Ainda hoje, muitos continuam olhando para esses povos do mesmo jeito, embora as pesquisas e os meios de comunicação já tenham demonstrado que as sociedades indígenas, ao mesmo tempo em que compartilham um conjunto de traços comuns, também se diferenciam umas das outras. [...]

Cada sociedade indígena se pensa e se vê de maneira diferente e tenta manter o que é específico de seu povo apesar dos efeitos destrutivos do contato com o branco.

Um Kayapó ou um Yanomami vai continuar se pensando Kayapó ou Yanomami, porque sua tradição, língua, modo de viver, seu sistema de propriedade e organização do trabalho, sua vida social, o modo como se relaciona na aldeia, como se organiza e exerce o poder, seus mitos e rituais são distintos. [...]

IOKOL, Zilda Márcia Grícoli (Coord.); ZENUN, Katsue Hamada; ADISSI, Valéria Maria Alves. **Ser índio hoje**. São Paulo: Loyola, 1998. p. 15-18. Coleção História Temática Retrospectiva: ensino fundamental.

GLOSSÁRIO

Kayapó, Yanomami – nomes de povos indígenas.

Compreensão do texto

1. Qual é o portador, o gênero e a intenção do texto?
   _____
   _____
   _____

2. Segundo Nambikwara, o jovem indígena, como as pessoas identificam os povos indígenas?
   _____
   _____

3. Um índio que fala português, veste-se como os brancos, utiliza utensílios domésticos e agrícolas deixa de ser povos indígena? Por quê?
   _____
   _____
   _____

4. Desde quando nos acostumamos com a visão equivocada da imagem dos povos indígenas?
   _____
   _____

5. Como as sociedades indígenas se veem?
   _____
   _____
   _____

6. Quais são as diferenças apontadas pelo autor do texto nas sociedades indígenas?

_____

_____

RODA DE CONVERSA

A população indígena brasileira, mesmo em contato com os brancos, não deixa de compor uma sociedade indígena. Por que é importante que todo brasileiro tenha consciência disso?

TEXTO 2

Leia sobre dois representantes da população indígena.

> Marcos Terena, piloto de avião, e Ailton Krenak, jornalista formado numa universidade europeia, são índios de nações diferentes. Falam de um povo indígena como seus representantes, pois, além de conhecer seu povo, conhecem também o mundo dos brancos, sua fala e sua cultura. Esse conhecimento, resultado de sua formação e longa convivência com os brancos, possibilitou a intervenção durante a elaboração da Constituição de 1988, defendendo os vários povos indígenas, especialmente no direito à terra e à autonomia de suas formas de vida.
>
> Porém, quando se trata de terras, o conflito é mortal. Fala mais alto quem tem o poder econômico e a força. [...]

IOKOL, Zilda Márcia Grícoli (coord.) ZENUN, KatsueHamada; ADISSI, Valéria Maria Alves. **Ser índio hoje.** História Temática Retrospectiva: ensino fundamental. São Paulo: Loyola, 1998. (p.15-18)

GLOSSÁRIO

Constituição – lei fundamental que regula a organização política de uma nação soberana; carta constitucional.

Autonomia – autodeterminação político-administrativa de que podem gozar, relativamente, grupos (partidos, sindicatos, corporações, cooperativas etc.), em relação ao país ou comunidade política dos quais fazem parte.

Compreensão do texto

1. Quem são Marcos Terena e Ailton Krenak?

_____
_____
_____

2. Por que eles são legítimos representantes do povo indígena?

_____
_____
_____

3. Por que o conhecimento adquirido na formação e convivência com os brancos foi importante?

_____
_____
_____
_____

Produza um texto

Reúna-se com um colega, discutam e, no caderno, escrevam um comentário, isto é, exponham o ponto de vista sobre o que o autor afirma: "Quando se trata de terras, o conflito é mortal. Fala mais alto quem tem o poder econômico e a força".

> **Lembrem-se:**
> Um comentário refere-se a um conjunto de observações que esclarecem ou criticam, expõem ou argumentam sobre um determinado assunto.

Letramento e alfabetização e alfabetização matemática

Trabalho com letras e palavras

1. Leia em voz alta as palavras.

NAÇÕES   UNIVERSIDADE   FORMAÇÃO   CONHECER

CONHECIMENTO   POSSIBILITOU   INTERVENÇÃO

ABSURDO   ELABORAÇÃO   CONSTITUIÇÃO

FORÇA   ESPECIALMENTE

Nas palavras, as letras **C**, **Ç**, **S**, **SS** destacadas têm o mesmo som?

2. Organize-as no quadro abaixo:

Palavras com C	Palavras com Ç	Palavras com S	Palavras com SS

3. Nas frases:

FALAM DE UM POVO INDÍGENA COMO SEU REPRESENTANTE.

ESSE CONHECIMENTO, RESULTADO DE SUA FORMAÇÃO, POSSIBILITOU A PARTICIPAÇÃO NA ELABORAÇÃO DA CONSTITUIÇÃO.

Copie, em caixa alta, as palavras a seguir:

Representante   Resultado

DIREITOS DA MULHER BRASILEIRA

LEITURA

QUEM FOI NÍSIA FLORESTA?

Uma questão discutida há muito tempo no cenário nacional é a situação da mulher brasileira. Uma das primeiras mulheres a defender os ideais feministas foi Nísia Floresta. Leia sobre sua participação social.

BIOGRAFIA

NASCIDA NO RIO GRANDE DO NORTE, EM 1810, NÍSIA FLORESTA FOI PRECURSORA DOS IDEAIS FEMINISTAS NO BRASIL, PUBLICOU O TEXTO "DIREITOS DAS MULHERES E INJUSTIÇA DOS HOMENS", O PRIMEIRO TEXTO QUE TRATA DA SITUAÇÃO SOCIAL DA MULHER NA AMÉRICA LATINA.
NÍSIA FLORESTA, EDUCADORA, ESCRITORA E POETISA, FOI UMA DAS PRIMEIRAS MULHERES A PUBLICAR TEXTOS NA IMPRENSA BRASILEIRA E, PRINCIPALMENTE, A CHAMAR A ATENÇÃO PARA A QUESTÃO DA SITUAÇÃO FEMININA JÁ NO SÉCULO 19.

Letramento e alfabetização e alfabetização matemática

1. Segundo o texto, Nísia Floresta chamou a atenção para a situação da mulher na América Latina, no século 19. Você sabe localizar o século 19 na linha do tempo, isto é, quando ele inicia e quando termina?

Continue a sua leitura que irá descobrir.

> UM SÉCULO É UMA UNIDADE DE TEMPO QUE EQUIVALE A 100 ANOS. QUANDO, POR EXEMPLO, FAZEMOS REFERÊNCIA AO SÉCULO 17, ESTAMOS NOS REFERINDO AO PERÍODO QUE VAI DE 1601 ATÉ 1700. JÁ O SÉCULO 18 INICIA EM 1701 E TERMINA EM 1800.

Agora, complete com o início e o fim de cada um dos séculos:

a) Século 19: Início: _____ Fim: _____

b) Século 20: Início: _____ Fim: _____

c) Século 21: Início: _____ Fim: _____

> PARA NUMERAR OS SÉCULOS, NORMALMENTE, UTILIZAMOS ALGARISMOS ROMANOS.
>
> ASSIM:
> - SÉCULO 17 OU SÉCULO XVII
> - SÉCULO 18 OU SÉCULO XVIII
> - SÉCULO 19 OU SÉCULO XIX
> - SÉCULO 20 OU SÉCULO XX
> - SÉCULO 21 OU SÉCULO XXI

Agora responda:

- O Brasil foi descoberto em 1500, século _____.
- A Constituição de 1988 foi promulgada no século _____.

RODA DE CONVERSA

Você sabe qual é o objetivo de uma lei? Sabe por que é necessário ter uma lei para proteger as mulheres da violência doméstica?

Leia o texto que nos apresenta mais uma mulher importante na construção da história do Brasil.

QUEM É MARIA DA PENHA?

MARIA DA PENHA MAIA FERNANDES É UMA SOBREVIVENTE. SEU MARIDO TENTOU MATÁ-LA DUAS VEZES. A PRIMEIRA, COM UM TIRO NAS COSTAS QUE A DEIXOU PARAPLÉGICA. A SEGUNDA, ELETROCUTADA NO CHUVEIRO. ELA FOI À FORRA – ALÉM DE PRENDER O CRIMINOSO, DEU SEU NOME À LEI QUE PROTEGE A MULHER VÍTIMA DA VIOLÊNCIA DOMÉSTICA.

LEI MARIA DA PENHA, EM RESUMO

CRIADA EM 2006, A LEI Nº 11.340/2006, CONHECIDA COMO "MARIA DA PENHA", PROTEGE AS MULHERES DA VIOLÊNCIA DOMÉSTICA E REPRESENTA UM AVANÇO NA LEGISLAÇÃO BRASILEIRA. ENTRE AS INOVAÇÕES LEGAIS, ESTÁ A IMPOSSIBILIDADE DE A VÍTIMA RETIRAR A QUEIXA DE AGRESSÃO, A MENOS QUE ISSO SEJA FEITO PERANTE O JUIZ, EM AUDIÊNCIA MARCADA EXCLUSIVAMENTE PARA ESTE FIM.

Leia o texto da lei:
<www.planalto.gov.br/ccivil_03/_ato2004-2006/2006/lei/l11340.htm>.

Discutam o porquê da criação de uma lei como essa.

DIREITOS DA CRIANÇA E DO ADOLESCENTE

LEITURA

O relatório aponta os problemas relacionados à situação da mulher, esses problemas alcançam também crianças e jovens expostos à violência em nossa sociedade.

Com a intenção de proteger a criança e o adolescente foi instituído o Estatuto da Criança e do Adolescente. Leia alguns de seus artigos.

ESTATUTO DA CRIANÇA E DO ADOLESCENTE

ART. 1º. ESTA LEI DISPÕE SOBRE A PROTEÇÃO INTEGRAL À CRIANÇA E AO ADOLESCENTE.

ART. 2º. CONSIDERA-SE CRIANÇA, PARA OS EFEITOS DESTA LEI, A PESSOA ATÉ DOZE ANOS DE IDADE INCOMPLETOS, E ADOLESCENTE AQUELA ENTRE DOZE E DEZOITO ANOS DE IDADE.

[...]

ART. 4º. É DEVER DA FAMÍLIA, DA COMUNIDADE, DA SOCIEDADE EM GERAL E DO PODER PÚBLICO ASSEGURAR, COM ABSOLUTA PRIORIDADE, A EFETIVAÇÃO DOS DIREITOS REFERENTES À VIDA, À SAÚDE, À ALIMENTAÇÃO, À EDUCAÇÃO, AO ESPORTE, AO LAZER, À PROFISSIONALIZAÇÃO, À CULTURA, À DIGNIDADE, AO RESPEITO, À LIBERDADE E À CONVIVÊNCIA FAMILIAR E COMUNITÁRIA.

[...]

ART. 5º. NENHUMA CRIANÇA OU ADOLESCENTE SERÁ OBJETO DE QUALQUER FORMA DE NEGLIGÊNCIA, DISCRIMINAÇÃO,

> EXPLORAÇÃO, VIOLÊNCIA, CRUELDADE E OPRESSÃO, PUNIDO NA FORMA DA LEI QUALQUER ATENTADO, POR AÇÃO OU OMISSÃO, AOS SEUS DIREITOS FUNDAMENTAIS.
>
> [...]

Responda, em conjunto com colegas, e manifestem oralmente a opinião do grupo.

O Estatuto da Criança e do Adolescente foi instituído pela Lei 8069 de 13 de julho de 1990, portanto, as crianças e os adolescentes estão protegidos legalmente.

Em nosso dia a dia, depois de mais de dez anos da criação do estatuto, o que nós percebemos em relação à sua implantação? Que benefícios ele proporcionou às crianças, aos adolescentes e à população em geral?

Leia o texto completo do estatuto no site:

<www.planalto.gov.br/ccivil_03/leis/L8069.htm>.

LEITURA

DIREITOS INDIVIDUAIS

A busca por uma sociedade melhor, pelo respeito ao ser humano, pela melhoria das condições de vida da população tem proporcionado discussões internacionais e nacionais com a intenção de estabelecer normas que disciplinem condutas de respeito à vida.

Leia a carta que representa os anseios de uma parte da população brasileira na busca do ideal democrático. Foi publicada em 1987, um ano antes da promulgação da nossa Constituição de 1988, no livro *Correspondência*, de Bartolomeu Campos Queirós.

ABC +123 *Letramento e alfabetização e alfabetização matemática*

AMIGO MARCOS

Eu já lhe falei do meu carinho pelas palavras. Mateus me escreveu. Dentro do envelope estavam três palavras escolhidas. Disse-me "Pátria, Trabalho e Justiça não podem ficar esquecidas". Guardei, com cuidado, no coração o seu presente. Sinto vontade de gritá-las. Sei que a terra inteira vai gostar de ouvi-las.

Não vou acordar palavras para dar de presente a você. Peço sua ajuda para fazer dormir palavras que há muito andam acordadas: Fome, Opressão e Violência.

Todo o carinho da

Maria

QUEIRÓS, Bartolomeu Campos de. **Correspondência**. Belo Horizonte: Miguilim, 1987.

Discutam em grupo o teor desta carta e depois relatem aos demais colegas suas opiniões sobre os assuntos tratados.

No Brasil, a Constituição da República Federativa do Brasil, no Art. 5º, Capítulo I – Dos Direitos e Deveres Individuais e Coletivos, assegurou garantias constitucionais de inviolabilidade do direito à vida, à liberdade, à igualdade.

Leia o texto do artigo 5º da CFB.

CONSTITUIÇÃO DA REPÚBLICA FEDERATIVA DO BRASIL DE 1988
DOS DIREITOS E DEVERES INDIVIDUAIS E COLETIVOS

Você conhece a Constituição da República? Saiba da importância da Constituição para os brasileiros?

Art. 5º: todos são iguais perante a lei, sem distinção de qualquer natureza, garantindo-se aos brasileiros e aos estrangeiros residentes no país a inviolabilidade do direito à vida, à liberdade, à igualdade, à segurança e à propriedade, nos termos seguintes:

I – homens e mulheres são iguais em direitos e obrigações, nos termos desta constituição;

II – ninguém será obrigado a fazer ou deixar de fazer alguma coisa senão em virtude de lei;

III – ninguém será submetido à tortura nem a tratamento desumano ou degradante;

IV – é livre a manifestação do pensamento, sendo vedado o anonimato;

V – é assegurado o direito de resposta, proporcional ao agravo, além da indenização por dano material, moral ou à imagem;

VI – é inviolável a liberdade de consciência e de crença, sendo assegurado o livre exercício dos cultos religiosos e garantida, na forma da lei, a proteção aos locais de culto e a suas liturgias;

[...]

GLOSSÁRIO

Inviolável – o que não pode ser violado.
Inviolabilidade – qualidade do inviolável.

Lembre-se: o conhecimento, pela população, dos direitos previstos na Constituição da República é fator essencial para que as pessoas vivam com dignidade e com direito à vida, à saúde, à liberdade, à igualdade, à privacidade, à educação, à informação e à alimentação adequada. Saiba mais. acesse o site: <www.planalto.gov.br/ccivil_03/constituicao/constitui%C3%A7ao.htm>.

Letramento e alfabetização e alfabetização matemática

TRABALHANDO EM GRUPO

Organizem um debate considerando o proposto na Constituição e sua aplicação prática.

- Segundo o Artigo 5º, como todos são considerados perante a Lei?

- O que o Artigo 5º da Constituição da República Federativa do Brasil garante aos brasileiros e estrangeiros residentes no País?

- Dentre os seis itens do Artigo 5º, selecione um que vocês considerem de grande importância, e justifiquem por que vocês o escolheram.

- Os direitos previstos no Artigo 5º da Constituição da República já foram alcançados por todos os brasileiros? Por quê?

Suas escolhas, opiniões e argumentos devem ser registrados no quadro. Nomeiem um redator. O relatório final será afixado no mural da sala.

A preocupação com os direitos humanos é muito antiga. Atente para a Declaração Universal dos Direitos Humanos.

A Declaração Universal dos Direitos Humanos é um dos documentos básicos das Nações Unidas e foi assinada em 1948. Nela, são enumerados os direitos que todos os seres humanos possuem.

Você a conhece? É possível garantir os direitos humanos em países com culturas diferentes?

> A Organização das Nações Unidas (ONU) é uma instituição internacional formada por 192 Estados soberanos fundada após a Segunda Guerra Mundial para manter a paz e a segurança no mundo, sustentar relações amistosas entre as nações, promover o progresso social, melhores padrões de vida e direitos humanos.

DECLARAÇÃO UNIVERSAL DOS DIREITOS HUMANOS

Como o ideal comum a ser atingido por todos os povos e todas as nações, com o objetivo de que cada indivíduo e cada órgão da sociedade, tendo sempre em mente esta declaração, se esforce, através do ensino e da educação, por promover o respeito a esses direitos e liberdades, e, pela adoção de medidas progressivas de caráter nacional e internacional, por assegurar o seu reconhecimento e a sua observância universal e efetiva, tanto entre os povos dos próprios estados-membros, quanto entre os povos dos territórios sob sua jurisdição.

ARTIGO I.

Todos os seres humanos nascem livres e iguais em dignidade e direitos. São dotados de razão e consciência e devem agir em relação uns aos outros com espírito de fraternidade.

ARTIGO II.

1. Todo ser humano tem capacidade para gozar os direitos e as liberdades estabelecidos nesta declaração, sem distinção de qualquer espécie, seja de raça, cor, sexo, idioma, religião, opinião política ou de outra natureza, origem nacional ou social, riqueza, nascimento, ou qualquer outra condição.

2. Não será também feita nenhuma distinção fundada na condição política, jurídica ou internacional do país ou território a que pertença uma pessoa, quer se trate de um território independente, sob tutela, sem governo próprio, quer sujeito a qualquer outra limitação de soberania.

ARTIGO III.

Todo ser humano tem direito à vida, à liberdade e à segurança pessoal.

> **GLOSSÁRIO**
>
> **Internacional** — que se realiza, que se passa entre nações.
> **Jurisdição** — autoridade de um poder soberano de governar e legislar; território a que se estende esta autoridade.
> **Universal** — que se estende a tudo ou a todos.

Trabalhando em grupo

1. O que é a Declaração Universal dos Direitos Humanos?

2. Considerando que "todos os seres humanos nascem livres e iguais em dignidade e direitos", como cada um deve agir em relação aos outros?

3. O Artigo II, item 1, prevê "todo ser humano tem capacidade para gozar os direitos e as liberdades estabelecidos nesta declaração, sem distinção de qualquer espécie". Quais distinções?

4. O que a Declaração estabelece no Artigo III?

5. Releiam o Artigo I, da Declaração dos Direitos Humanos.

Todos os seres humanos nascem livres e iguais em dignidade e direitos. São dotados de razão e consciência e devem agir em relação uns aos outros com espírito de fraternidade.

Discutam esse artigo com seus colegas e em conjunto, no caderno, deem suas opiniões sobre: isso é realidade no mundo em que vivemos? Por quê?

Apresentem suas opiniões para o grande grupo. Depois registrem as principais ideias.

Referências

ALVES, Rubem. **Páginas abertas**. São Paulo, ano 28, n. 14, p. 20-21.

BOFF, Leonardo. **A águia e a galinha**. Petrópolis: Vozes, 1997.

DIÁRIO DE SÃO PAULO. São Paulo: [s.n]. dez. 2010.

ENCICLOPÉDIA DELTA JÚNIOR. Rio de Janeiro: Delta, [S.I.], v.5.

FREIRE, Paulo. **Esta escola chamada vida.** São Paulo: Ática, 1985.

_____. **Pedagogia da tolerância.** São Paulo: Editora UNESP, 2006.

GALEANO, Eduardo. **A pedra arde**. São Paulo: Loyola, 1989.

_____. **As palavras andantes**. Tradução de Eric Nepomuceno. Porto Alegre: L&PM, 1994.

IOKOL, Zilda Márcia Grícoli (Coord.); ZENUN, Katsue Hamada; ADISSI, Valéria Maria Alves. **Ser índio hoje**. São Paulo: Loyola, 1998. (Coleção História temática retrospectiva: Ensino Fundamental).

PAES, José Paulo. **Poemas para brincar**. São Paulo: Ática, 2011.

PESSOA, Fernando. **Obra poética VI**. Porto Alegre: L&PM, 2008.

QUEIRÓS, Bartolomeu Campos de. **Correspondência.** Belo Horizonte: Miguilim, 1987.

_____. **De letra em letra**. São Paulo: Moderna, 2004.

RAMOS, Ricardo. In: BOSI, Alfredo. **Conto brasileiro contemporâneo**. São Paulo: Cultrix, 1976.

OS CAMINHOS DA TERRA. São Paulo, ano 12, n. 136, ago. 2003.

RICARDO, Cassiano. **Martim Cererê**. 12. ed. Rio de Janeiro: José Olympio, 1972.

ROMANINI, Vinícius. **Os caminhos da terra**. São Paulo, 74. ed.,ano 7, n. 6, jun. 1998.

ROSA, J. G. **Grande Sertão**: Veredas. 19. ed. Rio de Janeiro: Nova Fronteira, 2001.

SOUZA, Herbert. **Ética e cidadania**. São Paulo: Moderna, 1994.

Sites consultados

Brasil Escola. Disponível em: <www.brasilescola.com>.

Dicionário da Língua Brasileira de Sinais. Disponível em: <www.acessobrasil.org.br/libras/>.

Eaprender. Disponível em: <www.educabrasil.com.br>.

Instituto Benjamin Constant. Disponível em: <www.ibc.gov.br>.

Instituto Brasileiro de Geografia e Estatística (IBGE). Disponível em: <www.ibge.gov.br.>.

Mundo Estranho. Disponível em: < http://mundoestranho.abril.com.br>.

Portal Planalto – Presidência da república <www.planalto.gov.br>.

Relógio Digital. Disponível em: <www.pt.wikipedia.org/wiki/relogio_digital>.

Sindicato Mercosul Mercosur. Disponível em: < www.sindicatomercosul.com.br>.

Turma da Mônica. Disponível em: <www.turmadamonica.com.br>.

ENCARTE 1

A	A	A	B	B	C	C
D	D	E	E	E	F	F
G	G	H	I	I	I	J
J	K	L	L	M	M	N
N	O	O	O	P	P	Q
R	R	S	S	T	T	U
U	U	V	W	X	Y	Z